本书为2022年度安徽省高校自然科学重点研究项目、2023年度安徽省高校中青年教师培养行动项目研究成果

功能性器械训练指南

姜　杨　苏玉莹◎主　编

安徽师范大学出版社
ANHUI NORMAL UNIVERSITY PRESS
·芜湖·

图书在版编目(CIP)数据

功能性器械训练指南 / 姜杨, 苏玉莹主编. -- 芜湖 : 安徽师范大学出版社, 2025. 8. -- ISBN 978-7-5676-7431-8

Ⅰ. G818.3-62

中国国家版本馆CIP数据核字第2025F9G719号

功能性器械训练指南　　　　姜　杨　苏玉莹 ◎ 主　编

GONGNENGXING QIXIE XUNLIAN ZHINAN

责任编辑: 李　娟　　　　责任校对: 孔令清

装帧设计: 张德宝　　　　责任印制: 桑国磊

出版发行: 安徽师范大学出版社

芜湖市北京中路2号安徽师范大学赭山校区

网　　址: https://press.ahnu.edu.cn

发 行 部: 0553-3883578　5910327　5910310(传真)

印　　刷: 江苏凤凰数码印务有限公司

版　　次: 2025年8月第1版

印　　次: 2025年8月第1次印刷

规　　格: 787 mm × 1092 mm　1/16

印　　张: 14

字　　数: 250千字

书　　号: 978-7-5676-7431-8

定　　价: 68.00元

编　委　会

主　编：

姜　杨　安徽体育运动职业技术学院

苏玉莹　北京体育大学

副主编：

孙昊然　安徽国防科技职业学院

冯　媛　安徽金寨技师学院

张　锐　安徽国防科技职业学院

王悦同　南京师范大学

高　凯　北京体育大学

前　言

功能训练理念最早从国外引进并在国内经过了十几年的发展，现已经深入竞技体育、康复医学、大众健身及青少年体适能等多个领域，这一训练理念得到了广泛的认可。在现代运动训练与康复训练体系中，功能训练逐渐成为提升运动表现、预防损伤及优化身体机能的重要方法和手段。功能训练是一种基于人体基本运动模式，以提升整体运动能力，增强核心稳定性、协调性和力量为目标的训练方式。它强调多关节、多肌群的协同工作，通过模拟日常或运动中的实际动作模式，优化运动链功能，提高神经肌肉控制能力，从而增强运动表现并降低损伤风险。相比于传统单关节和单一肌群的力量训练，功能训练更加强调动态稳定性与全身协调性，能够有效提高身体在复杂运动环境中的适应能力。

功能性器械是功能训练能够顺利完成的重要训练工具的统称。常见的功能性器械包括悬吊训练系统、弹力带、瑞士球、泡沫轴、标志桶和敏捷梯等。它们可用于不同的训练目标，如增强核心控制、提升爆发力、提高敏捷性及促进肌筋膜松解。功能性器械可为不同人群提供高效、安全、个性化的训练手段。基于此，本书旨在通过系统化的教材编写，为广大从事体育职业教育的教师提供科学、实用的功能性器械训练指导，提升教学与训练的专业性和实效性，推动体育职业教育的发展，培养具备专业素养和实践能力的高水平体育人才。

本书系统性地阐述了功能训练的理念与方法，全书内容分为八章。第一章重点阐述了功能训练的定义、分类和特点，并介绍了如何科学设计功能训练方案。第二章介绍了悬吊训练的起源、价值和方法。第三章介绍了弹性阻力训练的基本概念、价值和方法。第四章介绍了瑞士球训练的价值和方法。第五章介绍了泡沫轴训练的价值和方法。第六章介绍了标志桶训练的价值和方法。第七章介绍了敏捷梯训练的价值和方法。第八章主要探讨功能训练人群的营养需求，介绍身体形态测评方法，并针对运动减脂与增肌人群提供科学的膳食营养建议及运动营养补充策略。本书第一章和第二章由姜杨撰写，第三章和第四章由苏玉莹和冯媛撰写，第五章、第六章和第七章由张锐、孙昊然撰写，第八章由王悦同和高凯撰写。全书图片的拍摄及制作由高凯负责，全书的统稿和内容校对工作由姜杨负责。

在编写过程中，本书借鉴和参考了有关专家和学者的观点，在此深表谢意！限于水平和时间，书中难免有疏漏和不当之处，恳请专家学者及读者见谅，并不吝赐教。

编　者

2025年2月

目 录

第一章　功能训练概述

一、功能训练的定义

目前文献中对功能训练主要有以下五种定义。美国国家运动医学院（National Academy of Sports Medicine）将其定义为：那些涉及特定目标动作完整运动链中每一个环节的训练，包含符合特定目标动作特征的在多个运动平面内加速、减速及稳定的训练动作。美国运动委员会（American Council on Exercise）认为，功能训练是一些训练动作的综合体，包含特定目标动作所需要的平衡性训练、稳定性训练、核心区训练和动态运动训练。有“功能训练之父”之称的Gray Cook给出的定义是：发展身体被设计的动作。1996年奥运会女子冰球金牌获得者且有丰富实践经验并担任美国国家队体能教练的Mike Boyle认为：功能训练是一套目标明确的身体训练体系，按照比赛的方式进行身体训练，使训练更加有效率和效果。维基百科中对功能训练的定义为“Training the body for the activities performed in daily life”，即提升身体在日常生活活动中表现的身体练习。

从以上观点中提炼出共同点，本书将功能训练定义为：一切拥有明确目标的、为提高人体特定能力而进行的动作训练。该训练包括有针对性的平衡稳定训练、完整运动链训练、多平面加速减速训练及其他各种动态训练。

二、功能训练的分类

（一）基础功能训练

基础功能训练是为提高人体基本活动能力而进行的训练，包括各种基础动作模式的训练，如下蹲、上举、踏步、投掷等身体基本动作。无论是专业受训者还是大众健身人群，都不应该忽视这部分的训练。基础功能训练能为进一步提高身体各项素质打下良好的基础，预防运动损伤和各种职业病的发生。

（二）专项功能训练

专项功能训练是针对专业受训者和某些有特定需求的人群而进行的身体功能训练。训练会准确结合专项动作模式和能量代谢特点，以增强运动能力为主要目的，从而有效提高人体进行不同专项运动的能力。

（三）功能康复训练

功能康复训练即为恢复人体原有功能而设计的训练。人体经历伤病之后，生理结构会受到破坏，身体功能亦会受到影响。在康复阶段结构修复完成之后，需要进行有针对性的功能训练，如恢复关节活动度和肌肉长度、本体感觉训练等，以恢复人体原有功能，降低再次发生损伤的风险，回归专项功能训练和日常生活。

三、功能训练的特点

（一）明确的指向性

功能训练具有明确的指向性，对大众健身人群来说，它会充分考虑不同人群的特点和需求，考虑各个专项的动作模式、能量代谢特点、比赛时间和比赛环境等因素，来设计训练动作，以能否解决实际问题、提高专项成绩作为评价训练效果的依据。

（二）多平面、多角度的训练

人体各个肌群的分布各不相同，有纵向分布的，如股直肌；有横向分布的，如斜方肌中部；有斜向分布的，如腹外斜肌；还有螺旋形分布的，如旋前圆肌。这种复杂的排列结构使肢体能够产生屈伸、外展、内收和旋转等各种动作。人体的各种复杂动作都是人体功能性动作的组合，有推、拉、旋转、弓步、蹲、体前屈等，这些动作都是在两个或两个以上的平面内完成的，因此功能训练应注重人体在多个平面、多个角度的训练。

（三）多环节运动链的训练

功能训练强调的是动作的一体化和控制下的动态平衡。人体若干环节借助关节按一定顺序衔接起来，称为运动链。在人体上，肩带、上臂、肘关节、前臂、腕关节、手等形成上肢运动链；髋关节、大腿、膝关节、小腿、踝关节、足等形成下肢运动链。力作用在生物运动链上，各环节发生相应的变化。如何将不同关节的运动和肌肉收缩整合起来，形成符合专项力学规律的肌肉“运动链”，为四肢末端发力创造理想条件，是所有运动项目共同面临的问题。功能训练强调多关节、多环节参与，以人体运动链为基础，设计出不同的训练动作，旨在提高不同关节、不同肌群间的协同工作能力及运动链的能量传递效率。

（四）强调核心柱的稳定性

核心柱通常指人体的躯干部分，包括从肩带至髋关节之间的区域。核心区域在运动过程中担负着稳定姿态和传导力量等作用，对上下肢的协同工作及整合用力起着承上启下的枢纽作用。同时，四肢运动的各种状态控制都源自核心区域的肌群，有了强大的核心柱力量作保证，躯干得到稳固的支持，四肢的运动就会更加精确有效，肢体才能够游刃有余地协调完成技术动作，所以功能训练强调核心柱力量的训练。

（五）强调神经肌肉与本体感觉

人体的一切运动都是由肌肉在神经系统的控制下完成的，因此神经和肌肉不是孤立存在的。本体感觉是人体在运动过程中获取空间位置和运动状态的重要途径，是学习和完成各种技术动作的基础。功能训练强调神经对肌肉的控制，强调神经系统和本体感觉的激活，只有充分地激活，才能更加精确地控制肌肉完成复杂的动作，实现训练目标。

四、功能性器械的分类及特点

功能性器械是功能训练能够顺利完成的重要训练工具的统称，它们在训练过程中起到了至关重要的辅助作用。这类器械通常被设计为具有不稳定性或可变阻力的特性，能够激活深层肌群，提高身体的稳定性与控制能力，同时促进多关节协同发力，优化神经肌肉控制，最终提升运动表现并降低受损伤风险。与传统固定器械不同，功能性器械的训练方式更贴近人体自然运动模式，使身体在动态环境中进行全方位训练，从而提高人体的力量、平衡性、灵敏度和协调性等关键运动素质。

常见的功能性器械包括悬吊训练系统（如TRX，Total Resistance Exercise，全身抗阻力锻炼）、弹力带、瑞士球、泡沫轴、标志桶和敏捷梯等，它们可用于不同的训练目标，如增强核心控制、提升爆发力、提高敏捷性及促进肌筋膜松解等。其中，悬吊训练系统依靠自身重量与悬吊装置的不稳定性，要求受训者在不稳定环境中完成不同的动作，从而强化核心肌群，提升身体的稳定性和协调能力。弹力带训练是利用可变阻力的特点，使肌肉在整个运动轨迹中都能保持张力，进而提高肌肉耐力与力量适应性，同时兼具便携性与多功能性，适用于不同人群。瑞士球是一种用于核心训练、平衡训练及康复训练的器械，不仅能帮助受训者增强核心肌群，还能提高身体的本体感觉和姿态控制能力，因此在运动康复和日常健身中被广泛使用。泡沫轴主要用于肌筋膜松解，能够有效帮助肌肉放松、消除疲劳、促进血液循环，并减少肌肉粘连和降低运动损伤风险。标志桶与敏捷梯主要用于提升速度、敏捷性和步法协调性，常见于田径、足球、篮球等运动项目的专项训练中。标志桶训练可以增强运动员的多方向移动能力，提高灵活性，而敏捷梯训练则能帮助运动员改善步法、增强身体协调性和提升瞬时反应能力。

功能性器械的多样性、灵活性和适应性使其广泛适用于竞技体育、康复医学、大众健身、体能训练及日常健康促进等多个领域。无论是专业运动员、健身爱好者，还是处于康复期的患者，均可根据自身需求选择合适的功能性器械进行训练，以提高运动能力、预防损伤、促进身体机能恢复。随着体育科学的不断发展，功能性器械的应用范围也在持续扩大，并逐渐成为现代训练体系的重要组成部分。

五、功能训练方案的设计

（一）人体基本动作模式（图1-1）

（1）推、拉：由近端向远端的运动即为推，由远端向近端的运动即为拉。

（2）旋转：人体各个环节绕关节垂直轴的运动，由前向后称为旋后，由后向前称为旋前。

（3）垂直位移：人体重心高度的改变即为垂直位移。

（4）水平位移：人体重心在水平面上向各个方向的移动即为水平位移。

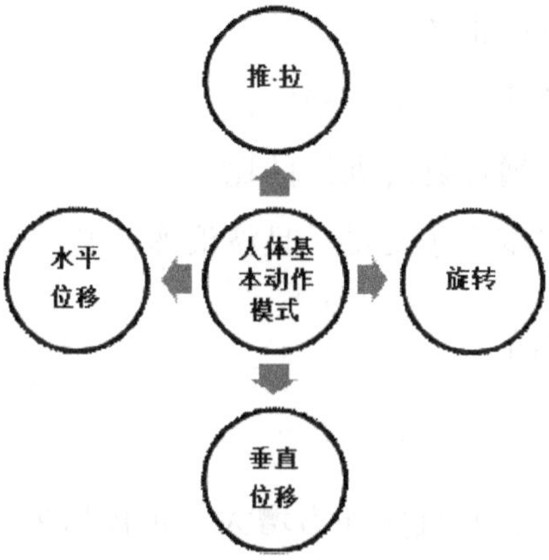

图1-1　人体基本动作模式

（二）功能动作设计（图1-2）

（1）根据各个主要关节进行动作模式划分。

（2）将各个关节进行优化组合，分别形成上肢、躯干及下肢动作模式。

（3）将上肢、躯干、下肢动作再次进行整合，形成上肢躯干组合动作、下肢躯干组合动作及上肢、下肢组合动作。

（4）将上肢、躯干、下肢动作进行最后的整合，形成全身动作模式。

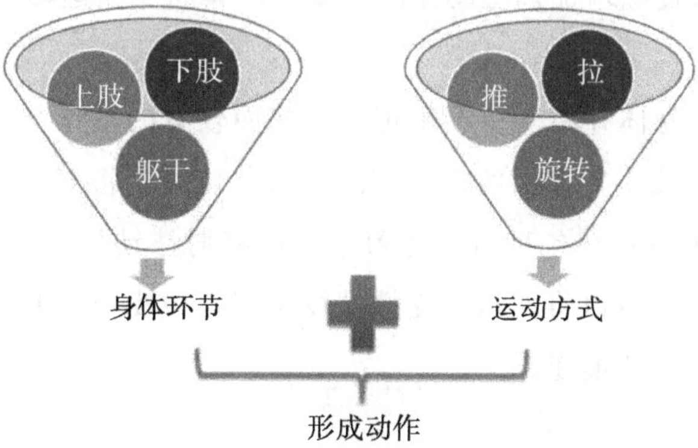

图1-2　功能动作设计

（三）功能训练设计原则

（1）推、拉训练交替进行。

（2）上肢、下肢、躯干训练交替进行。

（3）先分化训练再整合训练。

（4）整合之前先训练连接环节的稳定性。

（5）训练计划中逐渐增加旋转训练的比例。

（6）负荷量与负荷强度大小交错，呈波浪形，整体呈上升趋势。

（四）功能训练的进阶

1. 增加负荷

增加负荷后，人体所要对抗的外力增大，机体所要承担的生理负荷也相应增加。但是，不要因为承受更大的负荷而降低动作质量，也不要一味追求增加负荷而加大潜在的受伤风险。

2. 加大动作幅度

加大动作幅度对躯干部分的控制能力提出了更高的要求。这种方法的好处在于，给身体带来新的负荷刺激的同时还能对身体稳定性予以训练。如果这种方法使用得当，训练效果是非常好的，反之有可能导致受伤。

3. 增加动作速度

人体进行各项体育运动时，完成动作的速度越快，往往成绩就会越好，因此进行功能训练时应逐渐增加训练动作的速度，使其向专项运动速度逐渐靠拢。

4. 减小支撑面

减小支撑面后身体开始变得不稳定，支撑面较宽的动作与支撑面较窄的动作相比，难度较小。减小支撑面的常见方法：站立位时，将双脚动作改为单脚动作或缩短双脚间的距离；在各种桥式练习中，可将肘撑动作改为掌撑或拳撑动作；在完成地面动作时，可以将四点位支撑减少至三点位支撑，甚至两点位支撑，以此加大动作模式完成的难度。

5. 提高重心

在一个动作中，受训者的重心越靠近地面，动作难度越小。这是因为重心越低，就会越靠近支撑基础，整个系统的稳定性就会越高。在以肌肉、力量以及平衡能力训练为目标的抗阻力训练中，可以利用提高重心的方法来制造不稳定，降低稳定效率。

6. 加大阻力矩

通过改变身体和阻力源的位置，增加阻力矩，这时需要增加肌肉收缩力以产生更大的动力矩才能完成运动，动作难度也就相应提高了。

7. 加入不稳定支撑面

将瑞士球、平衡垫和BOSU球（波速球）等器械加入训练计划，利用不稳定支撑面来提高动作的难度。但需要注意的是，训练的根本目的不在于增加动作的难度，而是更好地满足运动专项和人体功能活动的需求，使得动作模式更加功能化。

8. 动作形式与环境动态化

当人体位置处于一种相对稳定的环境中时，本体感觉信息相对不变，所以人体的运动程序不需要对效应器进行大的调整，动作难度相对较小。但当内外环境发生变化时，本体感觉向大脑皮质输入的信息会发生改变，大脑皮质对人体适应外界环境也会做出相应的调整，动作难度随之相应增加。

9. 使用不对称负荷

使用不对称负荷对身体控制能力的要求会提高，有助于提高稳定性。大多数人在自由重量训练中总是使两侧重量相同，这样他们就难以获得不对称负荷训练的益处。但是，如果训练目标是增加训练的功能性、提高训练与日常生活中的活动及体育运动的效益转化，就有必要进行一些不对称负荷训练。

10. 由地面训练动作变为站姿训练动作

一般来说，与站姿训练动作相比，地面训练动作的姿态相对稳定。但从功能性角度分析，功能训练动作的设计应该更加强调非稳态训练，要让身体大部分时间处于一个相对不稳定的姿态。因此，功能训练应以站姿训练动作为主。

（五）功能训练方案示例

下面为读者提供了一个共12周，每周4次的功能训练方案。该训练方案分为三个阶段：第一阶段为基础训练期，共2周时间，见表1–1，分别对上肢和下肢的推、拉动作模式进行训练，增强上下肢完成推、拉基本动作的能力；第二阶段为提高训练期，见表1–2，共6周时间，提高上下肢完成推、拉动作的能力，并加入了旋转训练，分别对前旋和后旋进行训练，为完成旋转运动打下基础；第三阶段为整合训练期，见表1–3，共4周时间，其间将上肢、下肢、躯干的推和拉、旋转动作进行整合，提高人体完成复杂运动的能力。

表 1-1　基础训练期

训练周期	周计划	上午			下午		
		内容	量	强度	内容	量	强度
2周	第一天	上肢推	大	小	下肢拉	小	大
	第二天	上肢拉	小	大	下肢推	大	小
	第三天	上肢推	小	大	下肢拉	大	小
	第四天	上肢拉	大	小	下肢推	小	大

表 1-2　提高训练期

训练周期	周计划	上午			下午		
		内容	量	强度	内容	量	强度
6周	第一天	上肢推	中	大	下肢拉	小	大
		上肢拉	中	大	下肢推	小	大
	第二天	前旋转	中	大	后旋转	中	大
	第三天	上肢推	小	大	下肢拉	中	大
		上肢拉	小	大	下肢推	中	大
	第四天	前旋转	小	大	后旋转	小	大

表 1-3　整合训练期

训练周期	周计划	上午			下午		
		内容	量	强度	内容	量	强度
4周	第一天	推拉整合	大	中	上下肢整合	大	中
	第二天	旋转整合（前后）	大	中	旋转整合（上下肢）	大	中
	第三天	推拉整合	小	大	上下肢整合	小	大
	第四天	旋转整合（前后）	小	大	旋转整合（上下肢）	小	大

第二章　悬吊训练

一、悬吊训练简介

悬吊训练起源于美国海豹突击队。由于海豹突击队对成员的体能有非常高的要求，而外出时缺乏相应的训练场地和器材，因此队员们为了保持体能水平就发明了通过两根带子利用自身体重进行训练的方式，也就是我们现在所看到的悬吊训练器。

悬吊训练的产生与发展，更新了人们的训练理念，通过借助专用的悬吊带，调整不同的体姿、站位、角度，以对抗自身体重来达到训练的目的。它强调在高度不稳定状态下，跨越三个基本面进行整条运动链的训练，全面锻炼全身肌肉，突破了传统的健身训练理论，形成了一种全新的功能训练理念。

二、悬吊训练的价值

（一）全面提升体能水平

悬吊训练通过不同的身体位置、不同的训练动作和不同的组合方式，能够全面提升整体力量水平、身体的控制能力和核心区的稳定性。

（二）增强关节稳定性，预防运动损伤

肩关节的肩袖、膝关节的股内侧斜肌和髋关节的臀中肌的后部都被认为是局部稳定肌，对关节的稳定起到重要的作用。腰椎最重要的稳定肌是腹横肌和多裂肌，颈椎的稳定肌包括颈长肌、头长肌、多裂肌以及半棘肌。悬吊训练可以有效地激活局部稳定肌群，增强运动过程中关节的稳定性，预防伤病发生。

（三）补强弱链，提升运动链功能

人体是一个由各个关节构成的运动链，重力和地面反作用力通过其上下传递。当一个环节出问题后，可能会影响其相邻甚至更远端的关节，从而导致动作完成质量受到影响。悬吊训练注重对运动链整体进行训练，提升运动链能量传递效率与运动功能。

（四）突出运动感知

悬吊训练突出运动感知训练，强调在不平稳的地面上进行闭链运动，从而达到对感觉运动器官的最佳诱发效果。恰当的感觉和运动的控制能力对维持身体正常的功能是非常必要的。通过在不平稳的支撑面上进行闭链运动，可以达到对感觉运动器官的最佳诱发，激活神经对肌肉的控制能力，增强运动表现。

三、悬吊训练的方法

（一）热身部分

1.躯干扭转（图2–1）

训练目的：激活核心柱扭转肌群，增加肩关节活动度。

动作要求：

（1）调节绳索高度约和髋关节齐平，受训者俯身屈髋90°，双手前伸握住手柄。

（2）受训者核心发力，扭动躯干，双手一前一后最大幅度跟随摆动，使躯干进行充分的动态拉伸。

图2-1　躯干扭转

2.前弓步扩胸（图2-2）

训练目的：激活下肢肌群，伸展胸部。

动作要求：

（1）调节绳索高度约和髋关节齐平，受训者站于绳索下方。

（2）受训者向前跨出弓步，双手握住手柄尽量向后伸展，双腿交替进行。

图2-2　前弓步扩胸

3.侧弓步转体（图2-3）

训练目的：激活下肢内收肌群，伸展大腿内侧和腰部外侧。

动作要求：

（1）调节绳索到适当长度，受训者拉紧绳索，重心稍向后，向一侧做侧弓步。

（2）侧弓步后屈腿发力蹬起身体，弯曲腿经体前向另一侧跨步，充分伸展腿部和腰部。

图2-3　侧弓步转体

4.单腿提膝交叉步（图2-4）

训练目的：激活屈髋肌群，伸展大腿外侧。

动作要求：

（1）调节绳索至适当高度，受训者一腿站立，另一侧腿提膝至大腿与地面平行。

（2）提膝侧腿经体后向支撑腿方向充分伸展，有效激活核心和腿部肌群。

图2-4　单腿提膝交叉步

5. 蹲起高抓（图 2–5）

训练目的：激活后侧运动链肌群，伸展下背部。

动作要求：

（1）调节绳索至适当高度，受训者双手握住手柄，重心向后下蹲，手臂伸直。

（2）腿部发力蹬起身体，手臂高抓与蹬腿协调配合，能量自下而上传递。

图 2–5　蹲起高抓

6. 前弓步侧转体（图 2–6）

训练目的：激活下肢肌群，伸展胸部和腰部外侧。

动作要求：

（1）调节绳索至适当高度，受训者做前弓步的同时，上臂上举。

（2）在手臂上举的同时直接向跨步腿方向侧向弯曲躯干，充分拉伸下背部肌群。

图2-6　前弓步侧转体

7.前弓步转体（图2-7）

训练目的：激活下肢肌群，伸展腰部旋转肌群。

动作要求：

（1）调节绳索至适当高度，受训者前弓步的同时手臂前平举。

（2）受训者在前平举状态下充分向跨步腿方向扭转躯干，伸展腰部和上背部。

图2-7　前弓步转体

8.燕式平衡（图2–8）

训练目的：激活髋关节和脚踝周围肌群，伸展大腿后侧。

动作要求：

（1）调节绳索至适当高度，受训者站于绳索下方，双手握住手柄。

（2）受训者一腿站立，双手前伸，另一腿向后抬起，尽量保持手臂、躯干和腿在一条直线上，还原至起始动作，两侧交替进行。

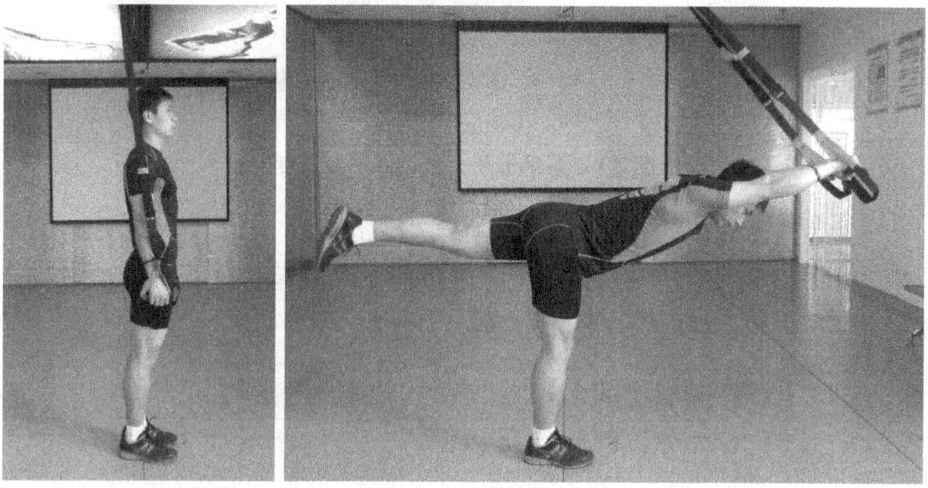

图2–8 燕式平衡

（二）核心柱训练

1.悬吊仰桥力量训练

训练目的：加强核心部位的稳定性。

一级难度（图2–9）

动作要求：

（1）受训者仰卧位，双手交叉抱胸，双脚悬挂于圈带上，圈带端距地面高度约30厘米。

（2）提髋至身体呈直线，静力支撑30秒。

（3）回到起始体位。

图2-9　悬吊仰桥力量训练一级难度

二级难度（图2-10）

动作要求：受训者仰卧位，双手交叉抱胸，单脚悬挂于圈带上，两腿并拢，提髋至身体呈直线，静力支撑30秒。

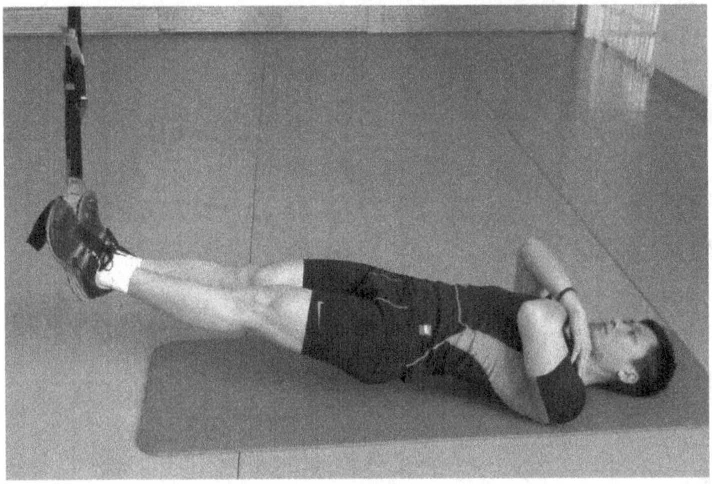

图2-10　悬吊仰桥力量训练二级难度

三级难度（图2-11）

动作要求：受训者仰卧位，双手交叉抱胸，单脚悬挂于圈带上，另一侧腿外展约30°，提髋至身体呈直线，静力支撑30秒。

注意事项：训练负荷要循序渐进，受训者能高质量完成每级动作之后，可进行下一级难度动作练习。徒手动作都能高质量完成之后，可在背部放置平衡垫增加难度。

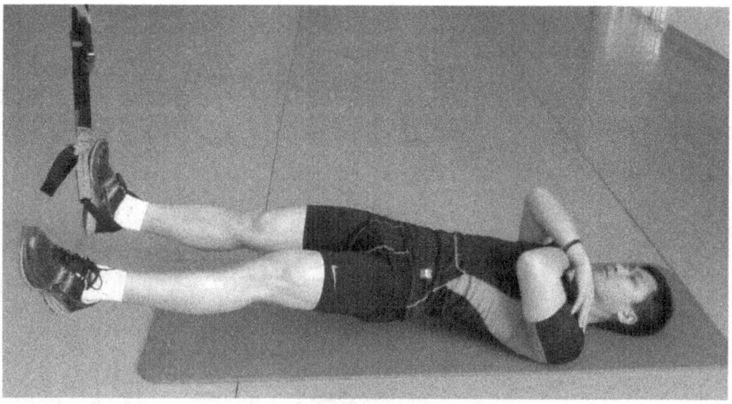

图2-11 悬吊仰桥力量训练三级难度

2.悬吊俯桥力量训练

训练目的：加强核心部位的稳定性。

一级难度（图2-12）

动作要求：

（1）受训者俯卧位，前臂支撑，双脚悬挂于圈带上，圈带端距地面高度约30厘米。

（2）提髋伸小腿至身体呈直线，静力支撑30秒。

（3）回到起始体位。

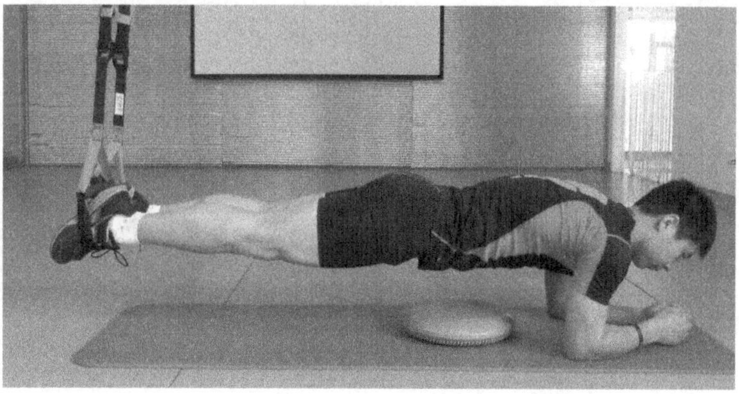

图2-12 悬吊俯桥力量训练一级难度

二级难度（图2-13）

动作要求：受训者俯卧位，前臂支撑，单脚悬挂于圈带上，两腿并拢，提髋至身体呈直线，静力支撑30秒。

图2-13 悬吊俯桥力量训练二级难度

三级难度（图2-14）

动作要求：受训者俯卧位，前臂支撑，圈带置于一侧脚踝，另一侧腿外展约30°，提髋至身体呈直线，静力支撑30秒。

注意事项：训练负荷要循序渐进，受训者能高质量完成每级动作之后，可进行下一级难度动作练习。徒手动作都能高质量完成之后，可在肘部放置平衡垫增加难度。

图2-14 悬吊俯桥力量训练三级难度

3.悬吊侧桥力量训练

训练目的：加强核心部位的稳定性。

一级难度（图2-15）

动作要求：

（1）受训者侧卧位，圈带置于脚踝，圈带距地面高度约30厘米。

（2）双臂交叉抱于胸前，肩部支撑，提髋至身体呈直线，静力支撑30秒。

（3）回到起始体位。

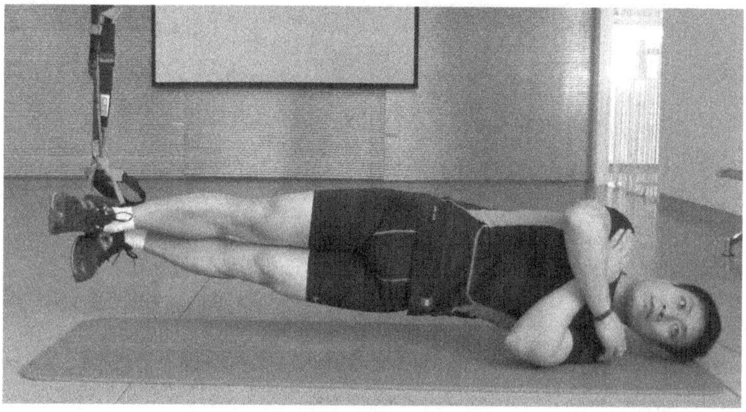

图2-15　悬吊侧桥力量训练一级难度

二级难度（图2-16）

动作要求：受训者侧卧位，圈带置于脚踝，肘部支撑，提髋至身体呈直线，静力支撑30秒。

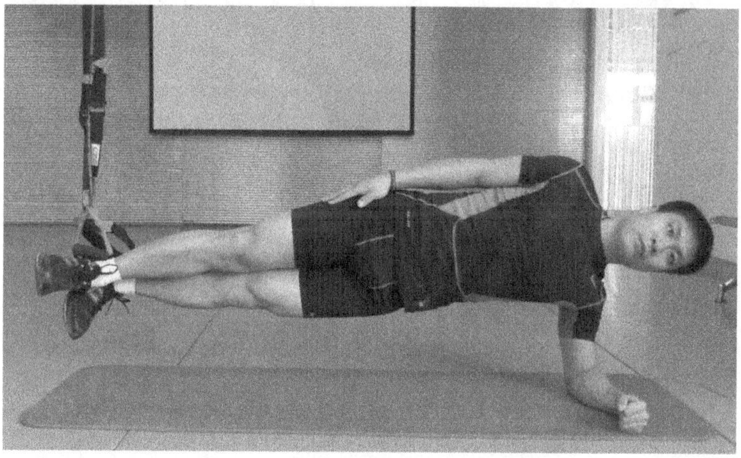

图2-16　悬吊侧桥力量训练二级难度

三级难度（图2-17）

动作要求：受训者侧卧位，圈带置于脚踝，肘部支撑，提髋至身体呈直线，上侧腿外展约30°，静力支撑30秒。

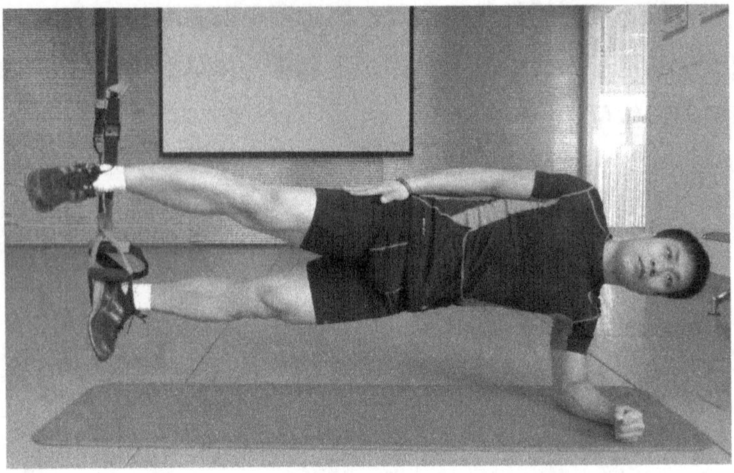

图2-17 悬吊侧桥力量训练三级难度

四级难度（图2-18）

动作要求：受训者侧卧位，圈带置于脚踝，单手支撑于地面，提髋至身体呈直线，静力支撑30秒。

图2-18 悬吊侧桥力量训练四级难度

五级难度（图2-19）

动作要求：受训者侧卧位，圈带置于脚踝，单手支撑于地面，提髋至身体呈直线，上侧腿外展约30°，静力支撑30秒。

图2-19　悬吊侧桥力量训练五级难度

六级难度（图2-20）

动作要求：受训者侧卧位，圈带置于脚踝，单手支撑于平衡垫上，提髋至身体呈直线，上侧腿外展约30°，静力支撑30秒。

注意事项：训练负荷要循序渐进，受训者能高质量完成每级动作之后，可进行下一级难度动作练习。徒手动作都能高质量地完成之后，可在手部放置平衡垫增加难度。

图2-20　悬吊侧桥力量训练六级难度

4.俯身正向屈膝收腹（图2-21）

训练目的：加强核心柱腹部肌群的力量。

动作要求：

（1）受训者俯身，双脚悬挂于圈带上，两手撑地与肩同宽，身体与地面平行。

（2）屈膝收腿，膝关节向胸部靠拢，收缩至最大程度后，伸髋伸膝回到起始姿势。

图2-21　俯身正向屈膝收腹

5.俯身侧向屈膝收腹（图2-22）

训练目的：加强核心柱旋转肌群的力量。

动作要求：

（1）受训者俯身，双脚悬挂于圈带上，两手撑地与肩同宽，身体与地面平行。

（2）屈膝收腿的同时侧向转体，收缩至最大程度后，伸髋伸膝回到起始姿势。

图2-22　俯身侧向屈膝收腹

6.俯身直腿收腹（图2-23）

训练目的：加强屈髋肌群的力量。

动作要求：

（1）受训者俯身，双脚悬挂于圈带上，两手撑地与肩同宽，身体与地面平行。

（2）收缩屈髋肌群将臀部向上抬起，并保持膝关节不要弯曲，收缩至最大程度后，慢慢还原至起始姿势。

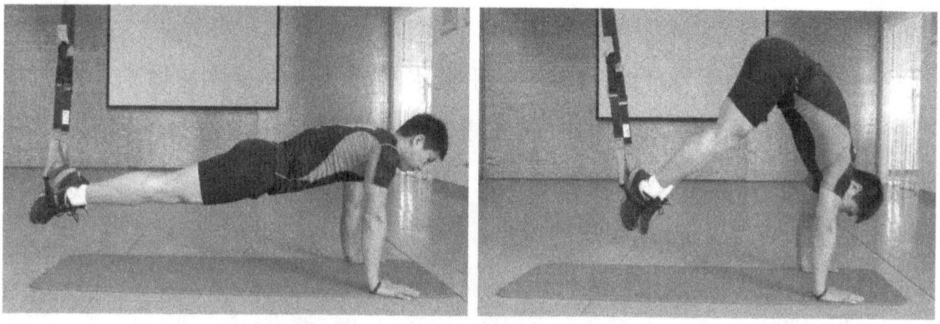

图2-23　俯身直腿收腹

7.俯身摆腿（图2-24）

训练目的：加强核心柱肌群的旋转摆动能力及稳定性。

动作要求：

（1）受训者俯身，双脚悬挂于圈带上，两手撑地与肩同宽，身体与地面平行。

（2）受训者尽量保持躯干的稳定性，通过核心柱的扭转有控制地向一侧摆动，保持双腿并拢伸直。

（3）完成一侧的摆动之后，将身体摆向另一侧，重复进行。

图2-24　俯身摆腿

8.侧撑转体收腹（图2-25）

训练目的：加强腕关节、肩关节的稳定性以及屈髋转体能力。

动作要求：

（1）受训者侧向手撑于垫上，另一手臂水平外展，将身体伸展呈一条直线。

（2）受训者在屈膝屈髋的同时向支撑侧方向转体，尽量使身体团起，保持身体的稳定性。

（3）还原到起始姿势，重复进行。

图2-25　侧撑转体收腹

9.单臂屈膝转体（图2-26）

训练目的：加强躯干的转动能力及协调力量。

动作要求：

（1）受训者俯身，双脚悬挂于圈带上，两手撑地与肩同宽，身体与地面平行。

（2）受训者在向一侧屈膝屈髋转体的同时，左侧手尽量向上伸直。

（3）还原到起始姿势后，向另一侧重复同样动作。

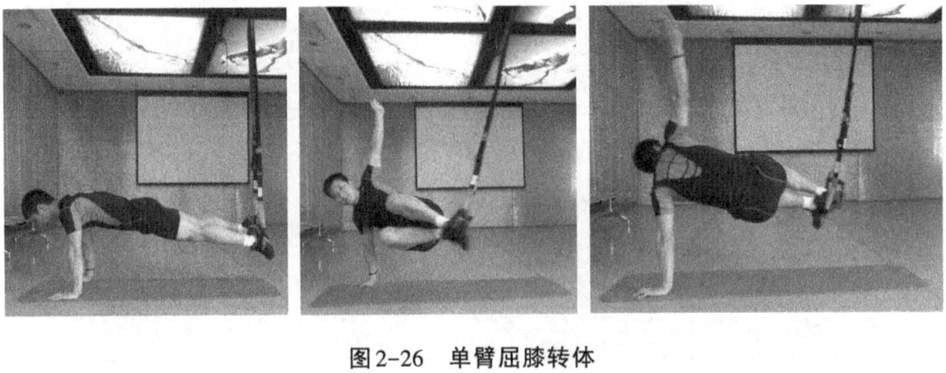

图2-26　单臂屈膝转体

（三）上肢训练

1. 俯卧撑

训练目的：加强胸部、肩部及上臂肌群的力量。

一级难度（图2-27）

动作要求：

（1）受训者手握训练手柄，俯身用手臂支撑身体，躯干保持一条直线，绳索与垂线之间角度约为45°。

（2）慢慢俯身，降低身体至肘关节弯曲幅度小于90°，保持躯干平直，胸部发力撑起身体至起始姿势。

图2-27　俯卧撑一级难度

二级难度（图2-28）

动作要求：受训者将脚尖在一级难度的基础上向后移动一步距离，绳索和垂线之间的角度减小，从而增加了动作的难度。

图2-28　俯卧撑二级难度

三级难度（图2-29）

动作要求：在二级动作难度的基础上，抬起一只脚，减少了支撑点，从而增加动作难度。

图2-29　俯卧撑三级难度

2. 俯身飞鸟

训练目的：加强胸大肌和肩、肘关节的稳定性。

一级难度（图2-30）

动作要求：

（1）受训者双手伸直握住手柄，绳索与垂线之间的角度约为45°。

（2）受训者身体保持一条直线，慢慢将手臂外展，外展的幅度在可控制的范围内。

（3）还原到起始姿势，重复进行。

图2-30　俯身飞鸟一级难度

二级难度（图2-31）

动作要求：受训者将脚尖向后移动一步距离，可以减小绳索与垂线的角度，增加动作的难度。

图2-31　俯身飞鸟二级难度

三级难度（图2-32）

动作要求：在二级动作的基础上，受训者抬起一条腿，通过减少支撑点来增加动作难度。

图2-32　俯身飞鸟三级难度

3.俯身前伸

训练目的：加强肩关节的稳定性及核心柱的力量。

一级难度（图2-33）

动作要求：

（1）受训者双手握住手柄，绳索与垂线之间的角度约为45°。

（2）受训者给绳索一个向下的力的同时，肘关节微屈向前伸臂，保持躯干和腿部在一条直线上。

（3）伸直的幅度要在可控制的范围内，最大程度刺激核心柱肌群和肩袖肌群。

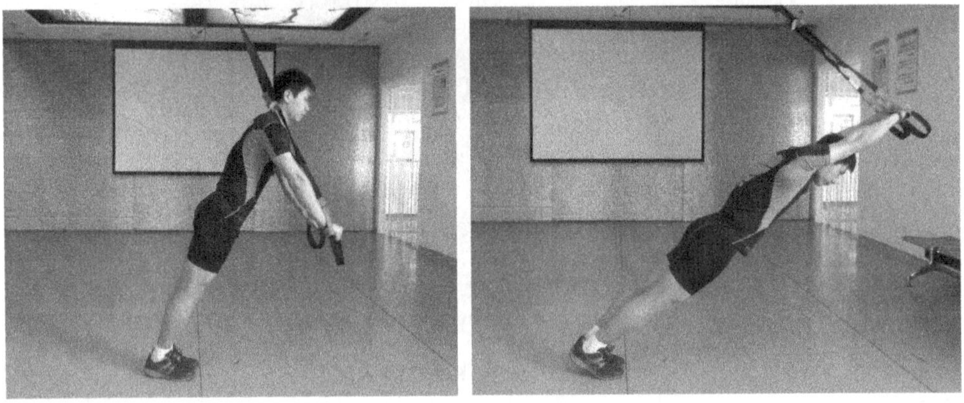

图2-33　俯身前伸一级难度

二级难度（图2-34）

动作要求：在完成一级动作的基础上脚尖向后移动，减小绳索与垂线之间的角度，从而增加训练难度。

图2-34　俯身前伸二级难度

4.仰卧划船

训练目的：加强斜方肌和背阔肌的力量。

一级难度（图2–35）

动作要求：

（1）受训者双手握住手柄，双臂伸直，身体呈一条直线，重心向后，绳索与垂线之间的夹角约45°。

（2）受训者背部肌群发力将身体拉起。

（3）还原到起始姿势，重复进行。

图2–35　仰卧划船一级难度

二级难度（图2–36）

动作要求：受训者在一级难度的基础上，双脚向前移动，减小绳索与垂线之间的角度，从而增加训练负荷。

图2–36　仰卧划船二级难度

三级难度（图2–37）

动作要求：在二级难度的基础上，抬起一条腿，减少支撑点，从而增加阻力。

图2-37　仰卧划船三级难度

5.单臂划船

训练目的：加强背阔肌的力量。

一级难度（图2-38）

动作要求：

（1）受训者侧向绳索，双脚平行站立，一只手握住手柄，重心向另一侧，另一只手水平外展90°。

（2）握住手柄一侧背阔肌发力将身体拉起，另一手臂伴随身体向上伸展至最大幅度。

（3）还原至起始姿势，重复进行。

图2-38　单臂划船一级难度

二级难度（图2-39）

动作要求：在一级动作的基础上，脚向前移动，减小绳索与垂线之间的角度，从而增加训练负荷。

图2-39 单臂划船二级难度

6.Y.W.T训练（图2-40）

训练目的：加强三角肌的力量。

动作要求：

（1）受训者双手握住手柄，身体呈一条直线，重心向后。

（2）受训者直臂向上拉起身体，然后慢慢还原，接着屈肘90°，手臂外展90°，然后慢慢还原，最后掌心向前，直臂完成外展动作。

图2-40　Y.W.T训练

7.臂下拉训练（图2-41）

训练目的：加强三角肌后束及背阔肌的力量。

动作要求：

（1）受训者双手握住手柄，手臂伸直，身体呈一条直线，重心向后。

（2）受训者手臂向下斜45°，直臂拉起身体。

（3）然后慢慢还原，重复进行。

图2-41　臂下拉训练

8.招财猫训练（图2–42）

训练目的：加强肩关节的稳定性。

动作要求：

（1）受训者双手握住手柄，屈肘90°，手臂外展90°，身体保持一条直线，重心向前。

（2）受训者肩关节在可控制的范围内旋前，然后慢慢还原至起始姿势。

图2–42　招财猫训练

9.单臂上拉（图2–43）

训练目的：加强三角肌的力量。

动作要求：

（1）受训者侧对绳索，一只手握住手柄，另一只手叉腰。

（2）受训者握手柄侧手臂发力将身体拉起，然后慢慢还原至起始姿势。

图2-43 单臂上拉

10.倒立臂屈伸（图2-44）

训练目的：加强胸部、肩部和上臂肌群的力量。

动作要求：

（1）受训者将一只脚悬挂在圈带上，另一只脚抬起，保持身体平直，呈倒立姿势。

（2）慢慢屈肘，降低身体至头部将要接触地面，保持躯干平直。

（3）双手发力推起身体，慢慢还原至起始姿势。

图2-44 倒立臂屈伸

11.肱二头肌弯举

训练目的：加强肱二头肌的力量。

一级难度（图2-45）

动作要求：

（1）受训者手握训练手柄，身体后仰并伸直手臂，躯干保持一条直线，绳索与垂线之间的角度约45°。

（2）屈肘将身体拉起，慢慢还原至起始姿势。

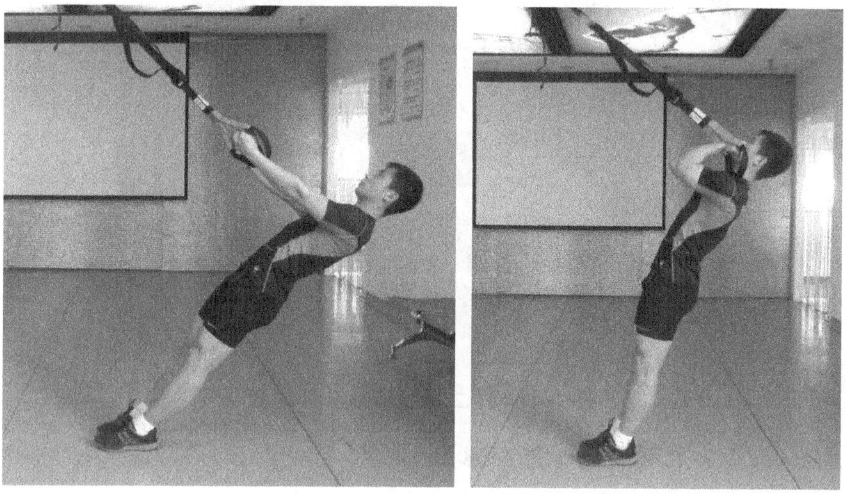

图2-45 肱二头肌弯举一级难度

二级难度（图2-46）

动作要求：受训者双脚向前方移动，减小绳索与垂线之间的角度，增加训练难度。

图2-46 肱二头肌弯举二级难度

三级难度（图2-47）

动作要求：受训者在二级难度的基础上抬起一条腿，减少支撑点，从而增加训练难度。

图2-47　肱二头肌弯举三级难度

12.肱三头肌头上臂屈伸（图2-48）

训练目的：加强肱三头肌的力量。

动作要求：

（1）受训者双手握住手柄，身体前倾，手臂弯曲放于头侧，身体呈一条直线。

（2）上臂贴于头部两侧，上臂向前伸直，尽量将身体伸直呈一条直线，然后慢慢还原到起始姿势。

图2-48　肱三头肌头上臂屈伸

13.肱三头肌体侧臂屈伸（图2–49）

训练目的：加强肱三头肌的力量及肩部稳定肌群的力量。

动作要求：

（1）受训者手握训练手柄，双腿前伸，两臂伸直支撑身体。

（2）慢慢屈肘降低重心至肘部屈曲90°，肱三头肌收缩并伸直手臂至起始姿势。

图2–49　肱三头肌体侧臂屈伸

（四）下肢训练

1.单腿下蹲提膝

训练目的：加强下肢的力量及关节的稳定性。

一级难度（图2–50）

动作要求：

（1）受训者一只脚悬挂在圈带上，另一只脚支撑身体并保持平衡，缓慢下蹲至支撑腿屈膝90°，伴随着手臂自然摆动。

（2）受训者保持背部平直，蹬伸至直立位以后，悬挂腿提膝至大腿与地面平行，还原到起始姿势，重复进行。

图2-50　单腿下蹲提膝一级难度

二级难度（图2-51）

动作要求：受训者在一级难度的基础上，在支撑腿脚下加入平衡垫，增加不稳定因素，从而增加阻力。

图2-51　单腿下蹲提膝二级难度

2. 侧弓步（图2-52）

训练目的：加强大腿内收肌的力量。

动作要求：

（1）受训者侧对悬吊，将一脚悬挂于圈带上，双手交叉放于胸前。

（2）受训者保持腰背平直，支撑腿缓慢下蹲至屈膝90°，膝盖尽量不超过脚尖。

（3）还原到起始姿势，重复进行。

图2-52　侧弓步

3. 直腿外展训练（图2-53）

训练目的：加强大腿内收肌的力量。

动作要求：

（1）受训者一条腿支撑，另一条腿的脚踩于圈带上，双手交叉放于胸前。

（2）在可控制的范围内，悬挂腿缓慢做外展动作。

图2-53　直腿外展训练

4. 蹬腿提膝（图2-54）

训练目的：加强支撑腿的蹬伸力量和摆动腿的屈髋力量。

动作要求：

（1）受训者双腿前后站立，前侧腿屈膝，后侧腿伸直，双手屈肘握住手柄。

（2）受训者在前侧弯曲腿蹬伸的同时，后侧腿尽量屈膝向前上方摆动。

（3）还原到起始姿势，重复进行。

图2-54　蹬腿提膝

5.仰卧屈膝挺髋

训练目的：加强大腿后部肌群的力量。

一级难度（图2-55）

动作要求：

（1）受训者仰卧，双脚悬挂于圈带上，双手交叉抱于胸前，肩部支撑，提髋，保持身体呈一条直线。

（2）屈膝顶髋，将身体向上抬起。

（3）收缩至最大程度后，慢慢还原至起始姿势。

图2-55　仰卧屈膝挺髋一级难度

二级难度（图2-56）

动作要求：

（1）受训者仰卧，单脚悬挂于圈带上，双手交叉抱于胸前，肩部支撑，提髋，保持身体呈一条直线。

（2）悬挂腿屈膝顶髋，将身体向上抬起，无悬挂腿保持伸直，两大腿保持平行。

（3）收缩至最大程度后，慢慢还原至起始姿势。

图2-56 仰卧屈膝挺髋二级难度

（五）放松恢复

1.梨状肌拉伸（图2-57）

动作要求：受训者双手伸直握住手柄，一腿弯曲90°，另一腿翘至弯曲腿上，腰背挺直，身体向后倾斜向下坐，动作保持30秒后换另一侧进行拉伸。

图2-57　梨状肌拉伸

2.体侧拉伸（图2-58）

动作要求：受训者侧对绳索，双脚前后站立，双手侧向握住手柄，然后向外侧倾斜至最大幅度，动作保持30秒，换另一侧进行拉伸。

图2-58　体侧拉伸

3.胸大肌拉伸（图2-59）

动作要求：受训者以弓步站立，双手握住手柄，双臂伸直，重心缓慢向下向前，对胸大肌进行充分拉伸，动作保持30秒。

图2-59　胸大肌拉伸

4.上背部拉伸（图2-60）

动作要求：受训者面对绳索，双手握住手柄，然后重心向后，缓慢地向下坐，保持腰背挺直，动作保持30秒。

图2-60　上背部拉伸

5.腹部拉伸（图2-61）

动作要求：受训者背对绳索，双手握住手柄，然后重心缓慢向前移动，手臂伸直，对腹部进行充分拉伸，动作保持30秒。

图2-61　腹部拉伸

6.股后肌群拉伸（图2-62）

动作要求：受训者一腿向后伸直，双手撑地，另一腿向前，前脚跟置于圈带上，后侧腿伸直并充分向后移动，移动到最大幅度后动作保持30秒。

图2-62　股后肌群拉伸

7.股四头肌拉伸（图2-63）

动作要求：受训者一腿屈膝支撑于地上，将另一腿的脚置于圈带内，双臂伸直并充分向上伸直，重心后移，移动到最大幅度后动作保持30秒。

图2-63　股四头肌拉伸

8.小腿拉伸（图2-64）

动作要求：受训者两腿前后站立，将前腿的脚尖置于圈带内，前侧腿伸直，身体重心向前移动，移动至最大幅度后动作保持30秒。

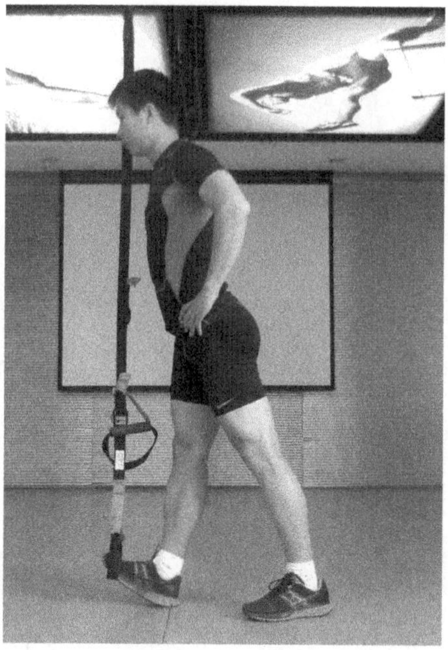

图2-64　小腿拉伸

9.肱二头肌拉伸（图2-65）

动作要求：受训者背对绳索，双手握住手柄，双臂伸直，腰背挺直向前移动，移动至最大幅度后动作保持30秒。

图2-65　肱二头肌拉伸

第三章　弹性阻力训练

一、弹性阻力训练简介

随着人们健康意识的不断增强，人们对健身的要求也越来越高，涌现出了很多的健身新方法。健身器械也从过去的哑铃、杠铃发展出了更多的新型训练工具，如瑞士球、锥形盘和弹力带等。弹性阻力训练作为一种自由力量训练的方法，可以用于损伤康复、提高老年人的运动功能、提高受训者的运动能力和辅助治疗慢性骨骼肌疾病等。

弹性阻力带通常有两种，一种是管状，一种是带状。有研究表明，管状的弹力带更适合健身训练，因为更耐用，而且附有手柄。当然，也可以给带状弹力带另外加个手柄。不管是管状弹力带还是带状弹力带，都会因为暴露在热或者冷的环境中而有所磨损，因此要注意经常检查磨损情况并及时更换。一般的弹力带是用天然乳胶制成的，如果受训者对乳胶过敏，可以选择无乳胶的弹力带。不同颜色的弹力带厚度不同，相应能产生的阻力也不同。通常来说，茶色的弹力带产生的阻力最小，其次是黄色和红色，金色的弹力带产生的阻力最大。因此，在训练的过程中，应当循序渐进地选择不同颜色的弹力带，以提高训练效果。总之，受训者应根据自己的喜好和需要选择合适的弹力带，以达到较好的锻炼目的。

二、弹力带训练的价值

（一）无固定轨迹的功能训练

功能训练强调三维空间内的运动。弹力带与传统器械最大的区别在于：传统器械多以重力为阻力来源，方向恒定向下，而弹力带可以在多个方向内提供阻力，满足功能训练的需求。

（二）提供安全有效的阻力

弹力带的阻力来自弹性势能，不需重力提供，排除了惯性对负荷的影响，从而降低了运动损伤发生的风险。

（三）兼顾便携性与实效性

弹力带体积小，易于携带，且能够进行全面的抗阻力训练，可以很好地满足人们出差途中的健身需求。

三、弹力带训练的方法

（一）弹力带激活训练

1. 弹力带站姿髋外旋（图3-1）

训练目的：激活臀部肌肉，增加下肢功能性力量。

动作要求：

（1）将弹力带套在踝关节上方或者膝盖的位置，背部挺直，收紧腹部，双脚站立大于肩宽，屈髋屈膝。

（2）左脚为轴，左髋打开，向后45°跨步。

（3）回到初始动作，重复练习。

注意事项：弹力带保持张力不变，双脚距离不变，保持屈膝下蹲姿势，使臀部肌群始终收缩。

图3-1　弹力带站姿髋外旋

2. 弹力带横向移动（图3-2）

训练目的：激活臀部肌群。

动作要求：

（1）将弹力带固定在踝关节上部，背部挺直，收紧腹部，双脚站立大于肩宽，屈髋屈膝。

（2）侧向移动过程中，保持身体正直，每次移动一步，控制好身体。

（3）每侧移动10步，回到初始动作，重复练习。

注意事项：始终保持弹力带的张力，缓慢而有控制地移动。

图3-2　弹力带横向移动

3.弹力带前后移动（图3–3）

训练目的：激活臀部肌群。

动作要求：

（1）将弹力带固定在踝关节上部，背部挺直，收紧腹部，屈髋屈膝。

（2）向前移动过程中，保持身体正直，每次移动一步，控制好身体。

（3）每侧移动10步，重复该动作。

注意事项：始终保持弹力带的张力，缓慢而有控制地移动。

图3–3　弹力带前后移动

4.弹力带单腿三向摆动（图3–4）

训练目的：激活髋部肌群。

动作要求：

（1）将弹力带固定在踝关节上部，单腿站立，背部挺直，收紧腹部。

（2）悬空腿分别向后、侧、前摆动，摆动过程中控制好身体。

（3）向前跨出一步，交换另一侧完成该动作，每侧重复10次。

图3-4　弹力带单腿三向摆动

5.弹力带俯卧横向移动（图3-5）

训练目的：激活核心区域和肩部肌群。

动作要求：

（1）将弹力带套在双手手腕上方位置和脚踝上方位置，俯卧支撑，双手间距略窄于肩，双脚间距略窄于髋，背部挺直，收紧腹部，肩胛骨后缩下压。

（2）左手垂直地面，右手离地向外打开，然后左脚支撑地面，右脚离地向外打开。

（3）左手和左脚交替向右侧移动。

注意事项：头、背、臀呈一条直线，不要塌腰。该训练对腕关节有一定压力，体重较大或有关节病的患者慎用。

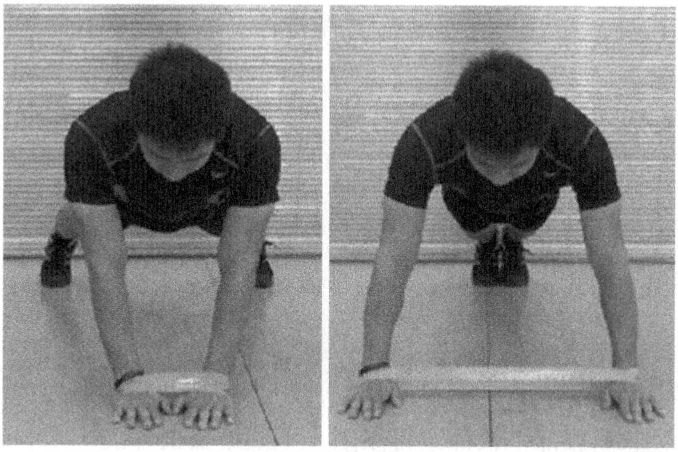

图3-5　弹力带俯卧横向移动

6.俯撑直臂转体上旋（图3–6）

训练目的：激活肩背部及下背部肌群。

动作要求：

（1）俯身跪撑在垫子上，双臂伸直，双手握弹力带支撑。

（2）一侧手臂握弹力带固定不动，另一侧手臂随身体旋转打开至最大幅度后还原至起始姿势。

注意事项：练习过程中保持腰、背部平直，双臂伸直不能弯曲。

图3–6 俯撑直臂转体上旋

7.弹力带超人（图3–7）

训练目的：激活核心柱肌群。

动作要求：

（1）四点跪姿，左臂垂直于地面支撑身体，右上臂垂直于地面，屈肘90°，右手抓紧弹力带。

（2）右大腿垂直于地面并屈膝，左腿屈髋屈膝并向胸部收拢，弹力带套在左脚上。

（3）目视地面，腹部向内向上收紧，头与身体呈一条直线。

（4）左腿用力后蹬至大腿伸直并与身体在同一水平面上，同时右臂前伸，上臂紧贴耳朵。

（5）缓慢回到初始姿势并重复动作。

注意事项：收紧腹部，腰部不得塌陷，下颌不要前伸。

图3-7　弹力带超人

（二）上肢训练

1.肩屈曲（图3-8）

训练目的：加强三角肌前束及前臂肌肉的力量。

动作要求：

（1）站在弹力带上，手臂自然下垂，肘部伸直，拇指向上。

（2）抓紧弹力带，将手臂举过头顶，保持肘部伸直。

（3）缓慢回到初始位置，重复动作。

注意事项：不要耸肩，肘部伸直或者微微弯曲，不要过伸。

图3-8　肩屈曲

2.肩后伸（图3–9）

训练目的：加强肩部后侧和三角肌后束的力量。

动作要求：

（1）将弹力带一段固定住，与手腕的位置齐平。

（2）抓紧弹力带，向后伸展手臂，并保持肘部在运动过程中伸直。

（3）缓慢回到初始位置，重复动作。

注意事项：保持躯干稳定，不要耸肩，肘部伸直或者微微弯曲，不要过伸。

图3–9　肩后伸

3.肩外展（图3–10）

训练目的：加强肩部和前臂肌肉的力量。

动作要求：

（1）站在弹力带上，一侧手臂自然下垂，肘部伸直，拉紧弹力带，使掌心向前。

（2）向侧上方举起手臂，超过头顶。

（3）缓慢回到初始位置，重复动作。

注意事项：运动的过程中不要耸肩，躯干保持稳定。肩部损伤患者康复初期肩外展角度不要超过90°。

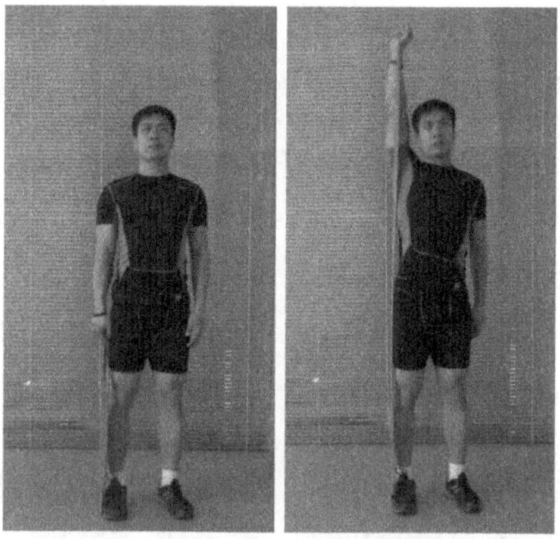

图3-10　肩外展

4.肩内收（图3-11）

训练目的：加强三角肌前束和胸大肌的力量。

动作要求：

（1）将弹力带一端固定在与手腕同样高的稳定支撑点上。

（2）一只手紧紧抓住弹力带。

（3）将弹力带拉直，向内侧拉伸手臂。

（4）缓慢回到初始位置，并重复这个动作。

注意事项：运动的过程中不要耸肩，躯干和肩部保持稳定，肘部不要过伸。

图3-11　肩内收

5.肩外展（肩胛平面）（图3-12）

训练目的：训练肩膀和前臂肌肉。

动作要求：

（1）用脚固定住弹力带的一端，手臂自然下垂，肘部伸直，拉紧弹力带，大拇指向上。

（2）向外上举手臂，手臂略微向前，与额状面夹角大约30°，上举超过头顶。

（3）缓慢回到初始位置，重复动作。

注意事项：运动的过程中不要耸肩，躯干保持稳定。肩部损伤患者康复初期肩外展角度不要超过90°。

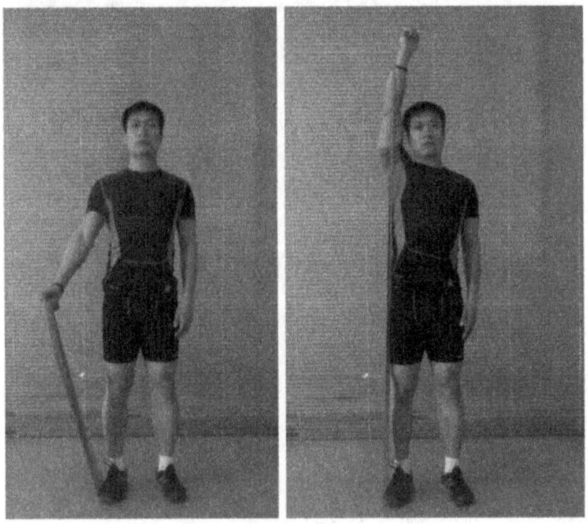

图3-12　肩外展（肩胛平面）

6.肩内旋（图3-13）

训练目的：加强肩袖肌群和肩胛骨的稳定性，预防肩部损伤。

动作要求：

（1）将弹力带一端固定于与肘部齐平位置。

（2）采用站姿或者坐姿，肘部屈曲90°，手心向内。

（3）抓紧弹力带并用力将弹力带向身体内侧方向拉紧，穿过身体前侧。

（4）缓慢回到初始位置，重复动作。

注意事项：运动的过程中上臂保持固定，不要内收，可以在肘部和肋部之间夹一条毛巾以提供更稳定的支撑。

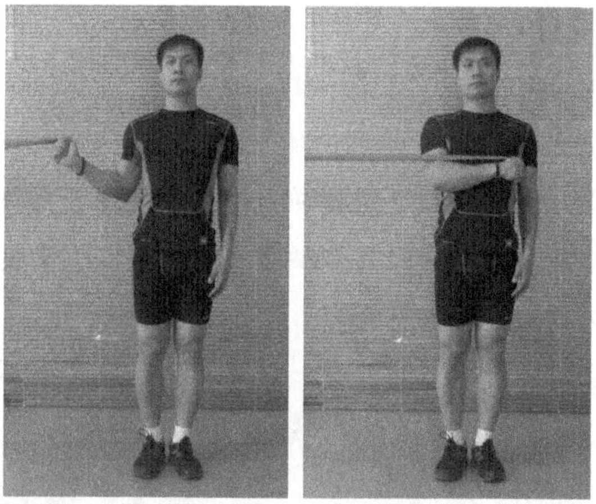

图3-13　肩内旋

7.肩外旋（图3-14）

训练目的：加强肩袖肌群和肩胛骨的稳定性。

动作要求：

（1）将弹力带一端固定于与肘部齐平位置，在肘部和肋部之间垫一个小枕头或者毛巾。

（2）抓紧弹力带，肘部屈曲90°，向外旋转手臂。

（3）缓慢回到初始姿势，重复该运动。

注意事项：躯干和上臂保持稳定，肩部不要下沉。

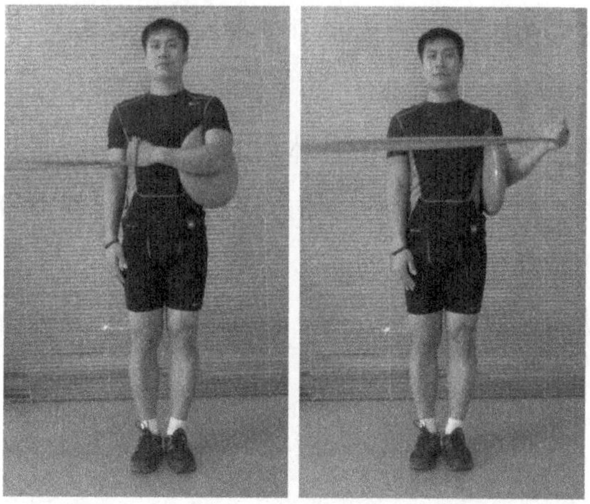

图3-14　肩外旋

8.侧平举（图3–15）

训练目的：加强三角肌的力量。

动作要求：

（1）双脚站在弹力带上，双手拉紧弹力带，双手置于身体两侧，掌心向前。

（2）保持肘部伸直，将手臂向外侧举至肩部水平以上高度。

（3）缓慢回到初始位置，重复练习。

注意事项：运动的过程中不要耸肩，肘部不高于肩，也不要过伸。

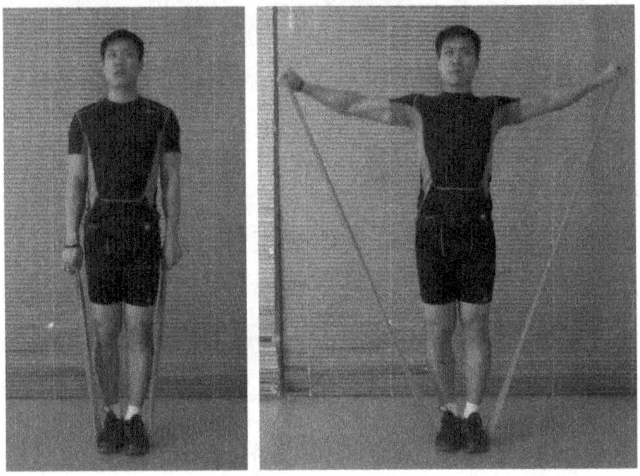

图3–15　侧平举

9.前平举（图3–16）

训练目的：加强三角肌前束的力量。

动作要求：

（1）双脚踩住弹力带，双手置于身体两侧，掌心向后。

（2）抓紧弹力带，保持肘部伸直，肩向前屈曲拉起弹力带。

（3）缓慢回到初始动作并重复练习。

注意事项：运动的过程中不要耸肩，肘部保持伸直或者微屈，不要过伸。

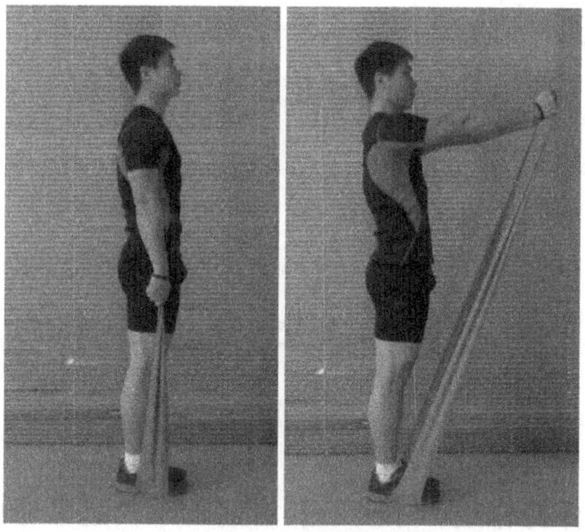

图3-16　前平举

10.肩上推举（图3-17）

训练目的：加强三角肌和肱三头肌的力量。

动作要求：

（1）站在弹力带上，双手位于身体两侧，抓紧弹力带，肘部弯曲。

（2）上臂略向外打开，前臂与地面垂直，手臂上举超过头顶。

（3）缓慢回到初始位置并重复练习。

注意事项：运动的过程中不要耸肩，肘部不要过伸。

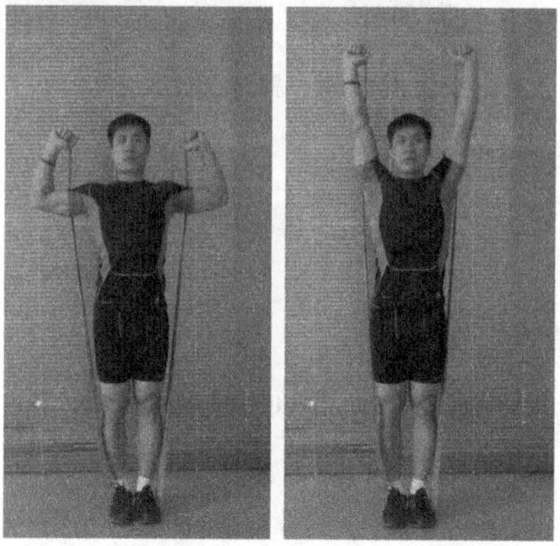

图3-17　肩上推举

11.斜角上拉1（图3–18）

训练目的：加强上臂运动链和躯干稳定性。

动作要求：

（1）将弹力带一端固定在地面上。

（2）站姿，一只手臂位于身体一侧，微微外展，抓紧弹力带，使掌心向前。

（3）将上臂举起，穿过受训者前侧交叉至对侧肩部，肘部微微弯曲，结束时掌心向后。

（4）缓慢回到初始位置并重复练习。

注意事项：躯干保持稳定，不要旋转，肘部不要过早弯曲。

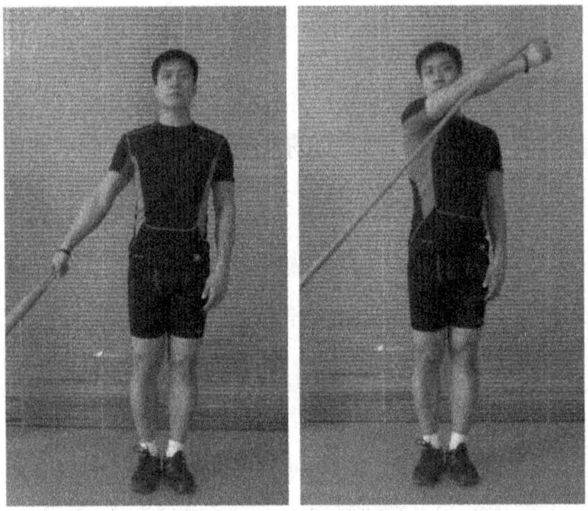

图3–18　斜角上拉1

12.斜角上拉2（图3–19）

训练目的：加强上臂运动链和躯干稳定性。

动作要求：

（1）将弹力带一端固定在地面上。

（2）站姿，一只手臂穿过腹部前面至对侧髋部，掌心向后，同时抓紧弹力带。

（3）向斜外上方举起手臂，结束时掌心向前。

（4）缓慢回到初始位置并重复练习。

注意事项：躯干保持稳定，不要旋转。

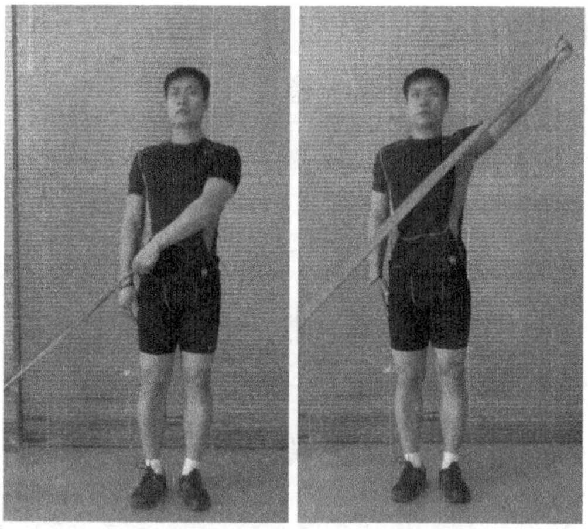

图3-19　斜角上拉2

13.斜角下砍1（图3-20）

训练目的：加强上臂运动链和躯干稳定性。

动作要求：

（1）将弹力带一端固定于高处。

（2）站姿，一只手臂穿过头部前面至另一侧肩部上方，掌心向后，同时抓紧弹力带。

（3）向斜外下方拉弹力带，结束时掌心向前。

（4）缓慢回到初始位置并重复练习。

注意事项：躯干保持稳定，不要旋转。

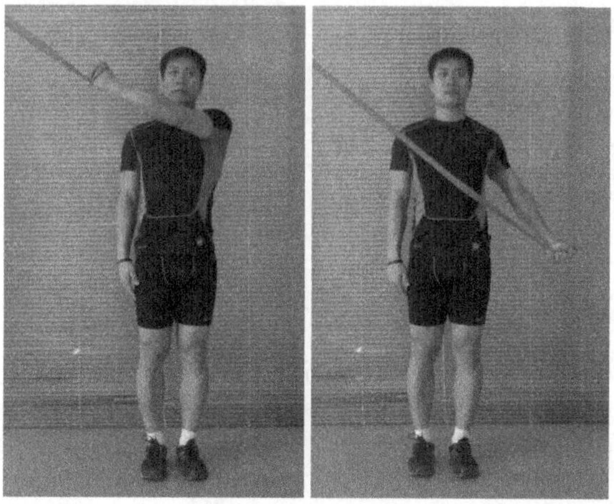

图3-20　斜角下砍1

14.斜角下砍2（图3-21）

训练目的：加强上臂运动链和躯干稳定性。

动作要求：

（1）将弹力带一端固定于高处。

（2）站姿，一只手臂向外上方举起，同时抓紧弹力带，掌心向前。

（3）穿过躯干，向斜内下方拉弹力带，结束时掌心向后。

（4）缓慢回到初始位置并重复练习。

注意事项：躯干保持稳定，不要旋转。

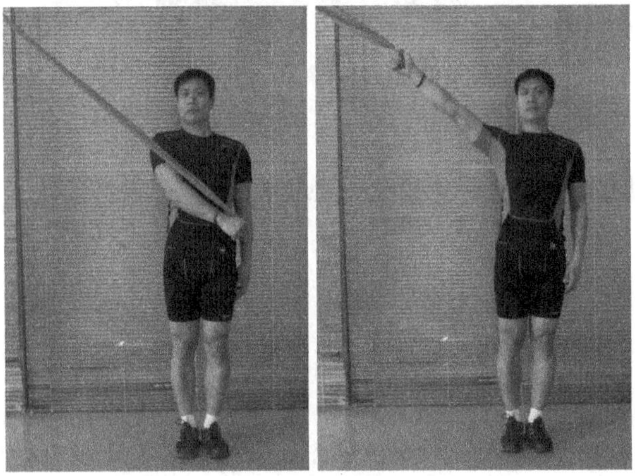

图3-21　斜角下砍2

15.肘后伸（图3-22）

训练目的：加强肱三头肌的力量。

动作要求：

（1）将弹力带一端固定在受训者前上方位置。

（2）受训者抓紧弹力带，肘部弯曲，上臂垂直于地面。

（3）伸直肘关节，保证肘部固定。

（4）缓慢回到初始位置并重复练习。

注意事项：躯干保持稳定，上臂固定不动，保证整个动作过程中弹力带始终产生张力。

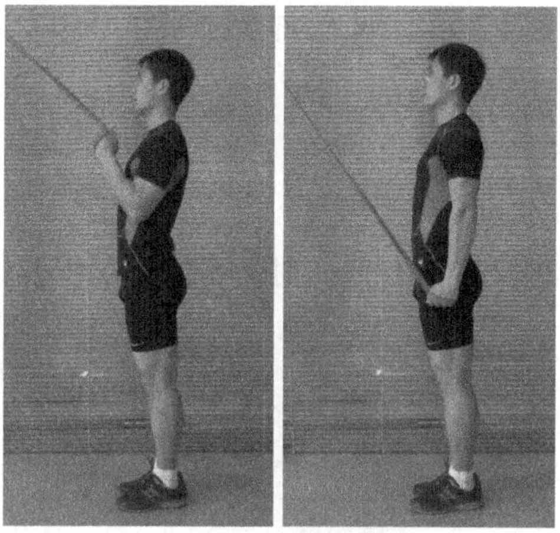

图3-22 肘后伸

16.腕屈曲（图3-23）

训练目的：加强腕屈肌群的力量。

动作要求：

（1）将弹力带一端固定在地面上。

（2）受训者前臂置于桌子上，腕部位于桌子外面，掌心向上，并抓紧弹力带。

（3）向上屈曲腕关节。

（4）缓慢回到初始位置并重复练习。

注意事项：前臂始终与桌面接触，肘部不得协助用力。

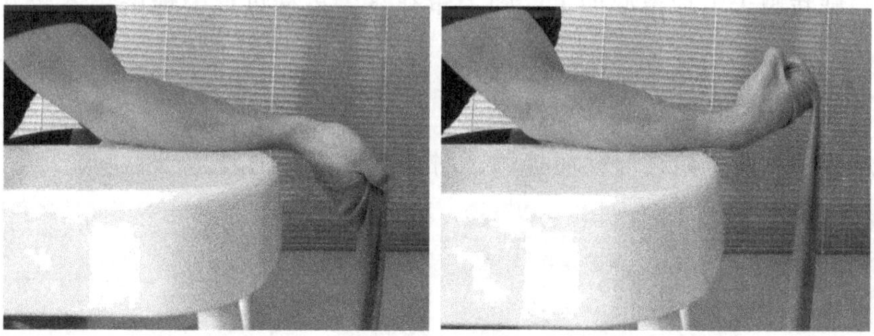

图3-23 腕屈曲

17.腕伸展（图3-24）

训练目的：加强腕伸肌群的力量。

动作要求：

（1）将弹力带一端固定在地面上。

（2）受训者前臂置于桌子上，腕部位于桌子外面，掌心向下，并抓紧弹力带。

（3）向上伸展腕关节。

（4）缓慢回到初始位置并重复练习。

注意事项：前臂始终与桌面接触，肘部不得协助用力。

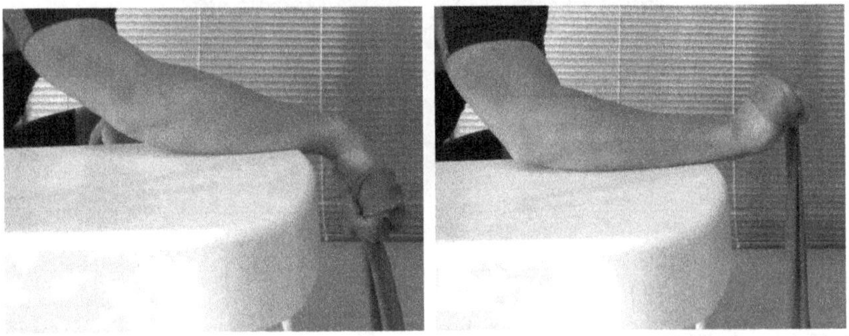

图3-24　腕伸展

18.前臂旋后（图3-25）

训练目的：加强前臂旋后肌群的力量。

动作要求：

（1）将弹力带一端固定在地面上。

（2）受训者前臂置于桌子上，腕部位于桌子外面，掌心向下，并抓紧弹力带。

（3）旋转腕关节使掌心向上，弹力带在这个运动过程中提供与运动方向相反的阻力。

（4）缓慢回到初始位置并重复练习。

注意事项：前臂始终与桌面接触，肘部不得协助用力。

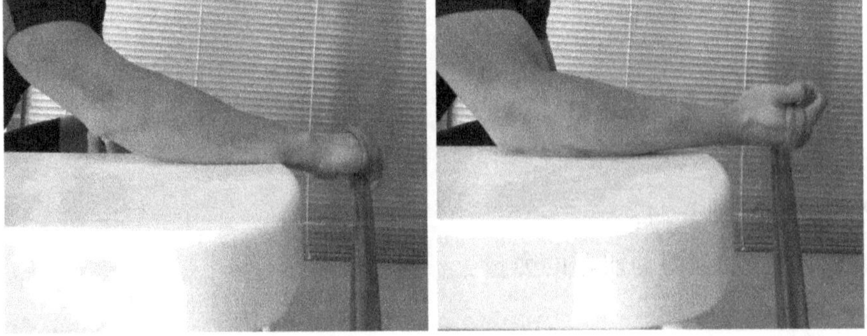

图3-25　前臂旋后

19.前臂旋前（图3–26）

训练目的：加强前臂旋前肌群的力量。

动作要求：

（1）将弹力带一端固定在地面上。

（2）受训者前臂置于桌子上，腕部位于桌子外面，掌心向上，并抓紧弹力带。

（3）旋转腕关节使掌心向下，弹力带在这个运动过程中提供与运动方向相反的阻力。

（4）缓慢回到初始位置并重复练习。

注意事项：前臂始终与桌面接触，肘部不得协助用力。

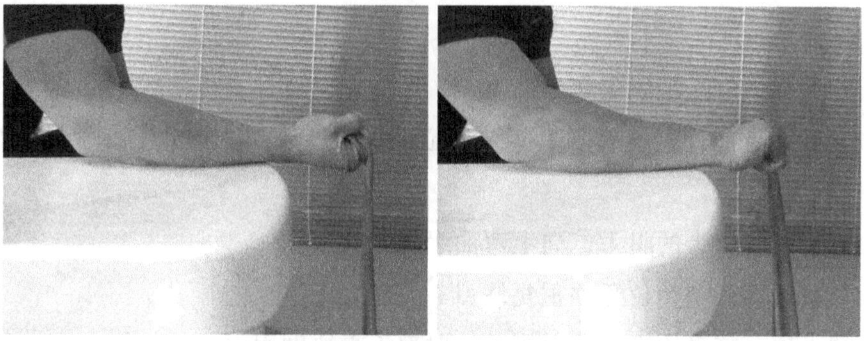

图3–26　前臂旋前

20.腕部尺侧屈（图3–27）

训练目的：加强尺侧腕伸肌群的力量。

动作要求：

（1）将弹力带一端固定在高处。

（2）受训者前臂置于桌子上，腕部位于桌子外面，拇指向上，并抓紧弹力带底端。

（3）对抗弹力带的阻力，向下弯曲手腕。

（4）缓慢回到初始位置并重复练习。

注意事项：前臂始终与桌面接触，肘部不得协助用力。

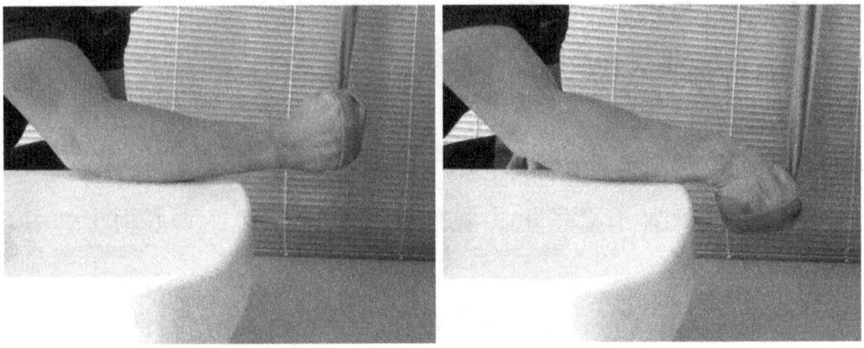

图3-27 腕部尺侧屈

21.腕部桡侧屈（图3-28）

训练目的：加强桡侧腕伸肌群的力量。

动作要求：

（1）将弹力带一端固定在地面上。

（2）受训者前臂置于桌子上，腕部位于桌子外面，拇指向上，并抓紧弹力带的另一端。

（3）对抗弹力带的阻力，向上弯曲手腕。

（4）缓慢回到初始位置并重复练习。

注意事项：前臂始终与桌面接触，肘部不得协助用力。

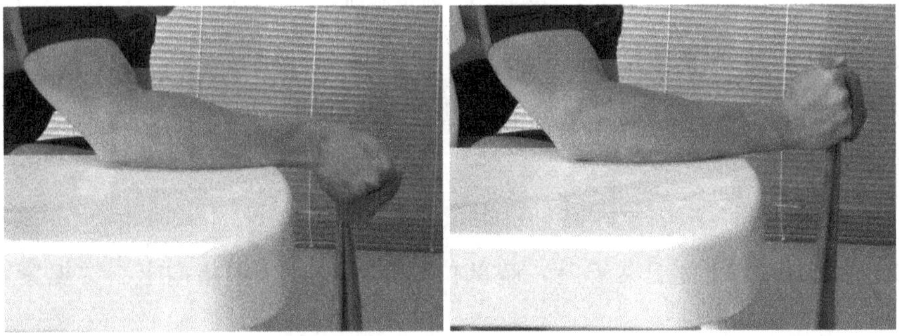

图3-28 腕部桡侧屈

22.肘后伸（图3-29）

训练目的：加强肱三头肌的力量。

动作要求：

（1）受训者一只手握住弹力带一端，将弹力带另一端固定于对侧足部，屈髋屈膝，另一只手置于膝盖上。

（2）拉伸弹力带，抬高肘部到与肩部齐平的位置，然后肘关节后伸，进一步牵拉弹力带。

（3）缓慢回到初始位置并重复练习。

注意事项：躯干保持稳定，不得耸肩。在整个运动过程中，弹力带都保持张力。

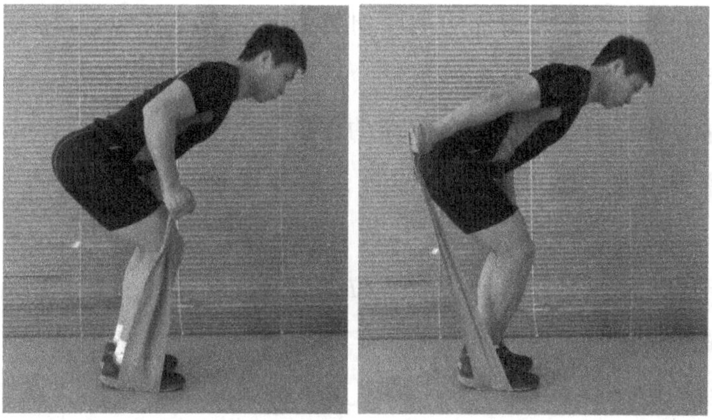

图3-29　肘后伸

23.双臂弯举（图3-30）

训练目的：加强上臂屈肌的力量和躯干的稳定性。

动作要求：

（1）将弹力带固定于地面，双手拽住弹力带，掌心向前，手臂伸直。

（2）肘部弯曲，向上拉伸弹力带，躯干保持直立。

（3）缓慢回到初始位置并重复练习。

注意事项：躯干保持稳定，上臂保持固定。在整个运动过程中，弹力带都保持张力。

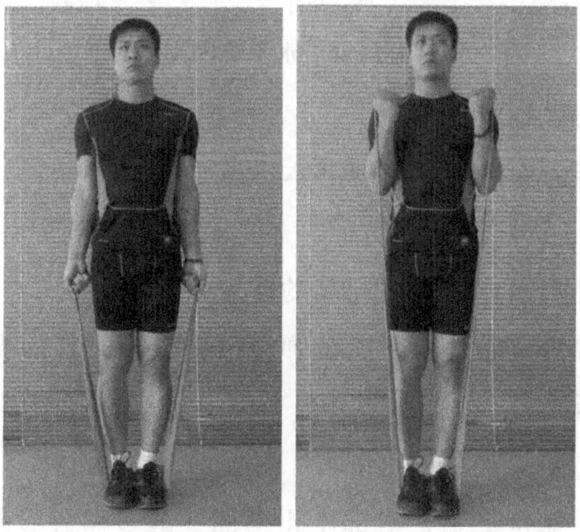

图3-30　双臂弯举

（三）躯干训练

1.水平肩内收（图3-31）

训练目的：加强胸部和肩部前侧肌肉的力量。

动作要求：

（1）将弹力带一端固定在与肩同高的位置。

（2）抓紧弹力带另一端，手臂伸直，肩外展至手腕与胸部齐平位置，掌心向前。

（3）向身体内侧，穿过身体中线牵拉弹力带，并保持肘部和腕部伸直。

（4）缓慢回到初始位置并重复练习。

注意事项：躯干保持稳定，肘部伸直，腕部处于中立位。在整个运动过程中，弹力带都保持张力。

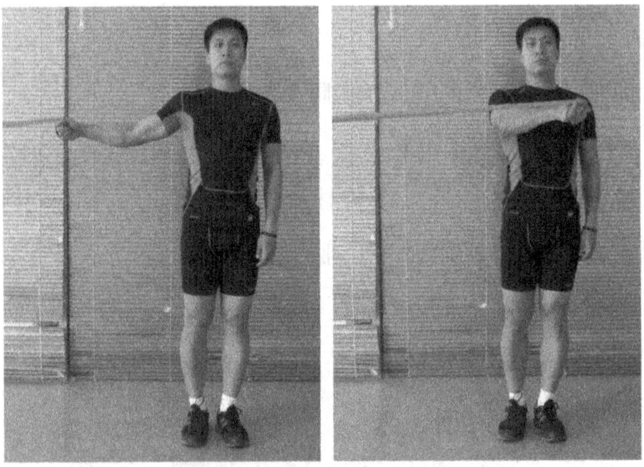

图3-31　水平肩内收

2.直臂推举（图3-32）

训练目的：激活前锯肌，恢复肩部本体感觉。

动作要求：

（1）将弹力带一端固定在与肩同高的位置。

（2）背对弹力带固定点，双手抓紧弹力带，上臂伸直，前屈90°。

（3）直臂前推弹力带。

（4）缓慢回到初始位置并重复练习。

注意事项：躯干保持稳定，肘部不得弯曲，通过肩胛骨外展推动弹力带向前运动。

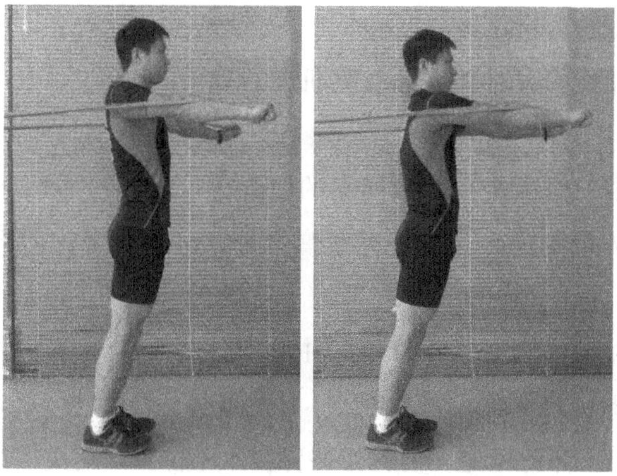

图3-32 直臂推举

3.胸部推举（图3-33）

训练目的：加强胸大肌和肩部前侧肌肉的力量。

动作要求：

（1）将弹力带一端固定在与肩同高的位置。

（2）背对弹力带固定点，双手抓紧弹力带，打开双臂，肘部弯曲，与腕部齐平，与胸齐平。

（3）用力向前推弹力带，同时伸直肘关节。

（4）缓慢回到初始位置并重复练习。

注意事项：躯干保持稳定，前臂始终保持水平位置。

图3-33 胸部推举

4.胸部飞鸟（图3-34）

训练目的：加强胸大肌和肩部前侧肌肉的力量。

动作要求：

（1）将弹力带一端固定在与肩同高的位置。

（2）背对弹力带固定点，双手抓紧弹力带，打开双臂，肘部伸直，并与腕部齐平，与胸齐平。

（3）双臂用力向内侧夹紧弹力带，并保持肘部伸直。

（4）缓慢回到初始位置并重复练习。

注意事项：躯干保持稳定，前臂始终保持水平位置，肘关节既不要弯曲，也不要过伸。

图3-34　胸部飞鸟

5.动态拥抱（图3-35）

训练目的：加强胸大肌和肩部前侧肌肉的力量。

动作要求：

（1）双手抓紧弹力带，将弹力带绕过上背部，肩部外展大约60°，肘部弯曲45°。

（2）保持肩部外展角度，并向前内侧推动上臂，如同拥抱的姿势。

（3）缓慢回到初始位置并重复练习。

注意事项：躯干保持稳定，肩部保持外展，肘部微微弯曲，做等长收缩。

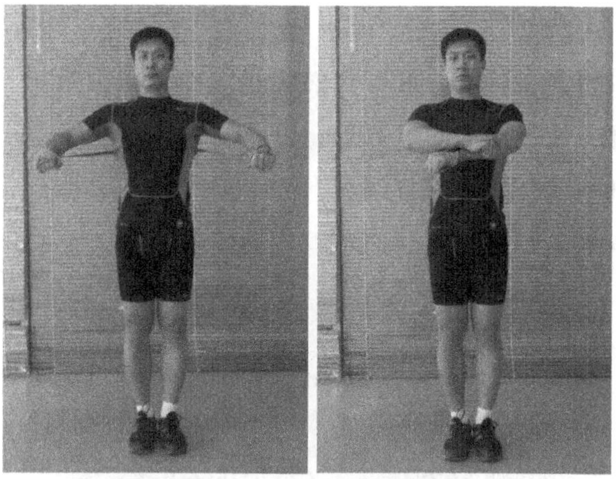

图3-35 动态拥抱

6.水平肩外展（图3-36）

训练目的：加强上背部肌肉的力量，加强肩胛骨的稳定性和收紧肩部后侧。

动作要求：

（1）将弹力带一端固定在与肩同高的位置。

（2）受训者肩部水平屈，肘部伸直，抓紧弹力带，使弹力带位于身体前方。

（3）肩部水平外展，牵拉弹力带。

（4）缓慢回到初始位置并重复练习。

注意事项：躯干保持稳定，肩部水平外展，肘部保持伸直。

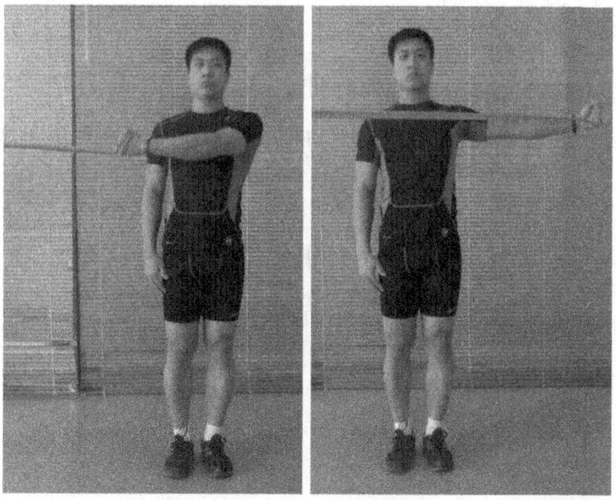

图3-36 水平肩外展

7.耸肩（图3-37）

训练目的：加强上背部肌肉的力量，加强肩胛骨的稳定性和收紧肩部后侧。

动作要求：

（1）将弹力带固定在脚下，两臂自然下垂，抓紧弹力带。

（2）抬高肩部，使肩部向耳朵靠近，并保持肘部伸直。

（3）缓慢回到初始位置并重复练习。

注意事项：躯干保持稳定，肘部不得弯曲发力。

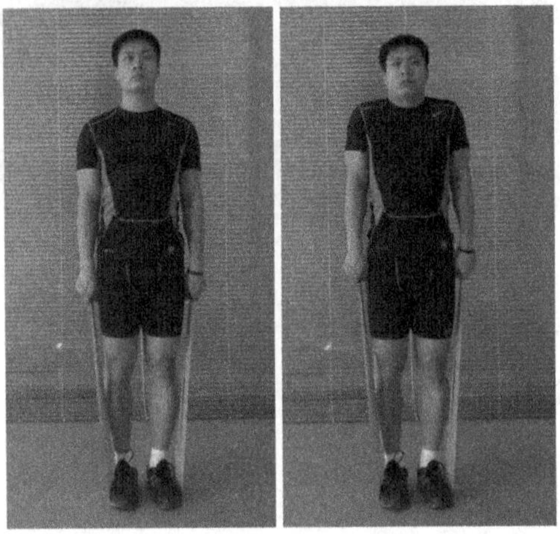

图3-37　耸肩

8.肩胛骨内收（图3-38）

训练目的：加强上背部肌肉的力量，加强菱形肌的力量，预防和缓解含胸、驼背。

动作要求：

（1）自然站立，上臂下垂，肘部弯曲，两手抓紧弹力带两端。

（2）手微微对抗弹力带阻力向外运动，使两侧肩胛骨相互靠近。

（3）缓慢回到初始位置并重复练习。

注意事项：躯干保持稳定，注意力集中在肩胛骨区域，拉长弹力带，主要依靠肩胛骨靠拢产生的力量而不是靠肩外旋的力量。

图3-38 肩胛骨内收

9.坐姿划船（图3-39）

训练目的：加强上背部肌肉的力量，加强菱形肌的力量，预防和缓解含胸、驼背。

动作要求：

（1）保持坐姿，将弹力带一端固定在前方，与肘部持平。

（2）双手抓紧弹力带，背部挺直，肘部弯曲并贴近肋部。

（3）肩胛骨内收，同时向后拉伸弹力带。

（4）缓慢回到初始位置并重复练习。

注意事项：躯干保持稳定，注意力集中在肩胛骨区域。

图3-39 坐姿划船

10.高位下拉（图3-40）

训练目的：加强背部肌肉的力量，加强菱形肌的力量，预防和缓解含胸、驼背。

动作要求：

（1）将弹力带一端固定在高处，如门框。

（2）前臂前屈超过头顶，肘部伸直，抓紧弹力带。

（3）向下牵拉弹力带，同时肘部屈曲，肩胛骨内收。

（4）缓慢回到初始位置并重复练习。

注意事项：需保证弹力带固定、稳定，防止弹力带断裂或者脱落而伤及头部。在整个运动过程中，保持弹力带的张力，保持躯干稳定，不得依靠身体重力向下拉弹力带。

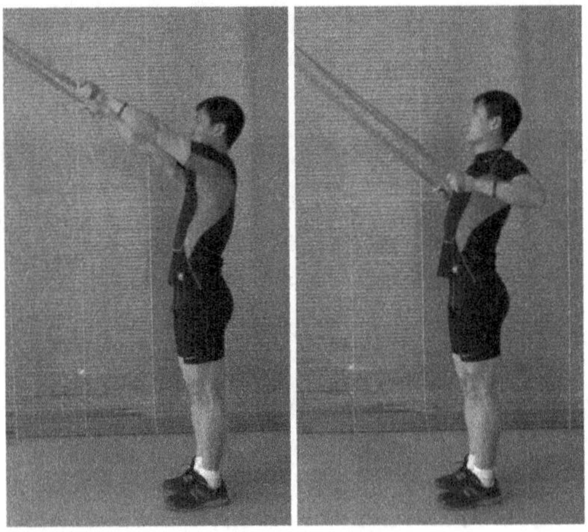

图3-40　高位下拉

11.反向飞鸟（图3-41）

训练目的：加强肩后肌群的力量，预防和缓解含胸、驼背。

动作要求：

（1）身体保持直立，双臂水平前屈，抓紧弹力带。

（2）双臂同时做水平外展运动，将弹力带拉长。

（3）缓慢回到初始位置并重复练习。

注意事项：保持躯干稳定，肘部不得弯曲也不过伸，头部不要前伸。

图3-41　反向飞鸟

12.站姿提拉（图3-42）

训练目的：加强肩部、颈部和上臂的力量。

动作要求：

（1）站姿，将弹力带固定于脚下。

（2）双手在髋前侧，肘部伸直，掌心向内拉紧弹力带。

（3）将弹力带向上拉起，向下巴靠近，肘关节弯曲，双手尽可能靠近下巴。

（4）缓慢回到初始位置并重复练习。

注意事项：不要耸肩，头部不要前倾。

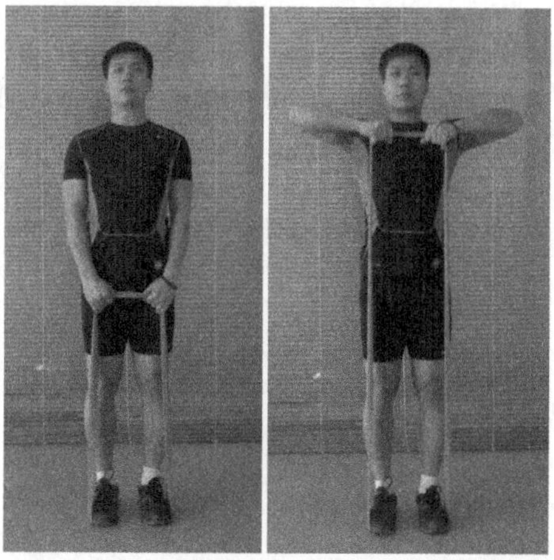

图3-42　站姿提拉

13.俯身划船（图3-43）

训练目的：加强肩部后侧和上臂的力量。

动作要求：

（1）将弹力带固定于脚下，对侧手抓紧弹力带。

（2）髋关节和膝关节微微弯曲，另一只手扶在大腿上为躯干提供支撑。

（3）将弹力带向上拉起，肘部上拉到与肩部齐平的位置。

（4）缓慢回到初始位置并重复练习。

注意事项：不要耸肩，头部不要前倾，躯干保持稳定，不得旋转协助用力。

图3-43　俯身划船

14.颈部等长后伸（图3-44）

训练目的：激活颈部深层肌肉，缓解颈部慢性疼痛。

动作要求：

（1）将弹力带绕过头部后面，前臂水平屈，肘关节弯曲。

（2）双手抓紧弹力带，保持颈部自然位置，下颌微收。

（3）肘部伸直，将弹力带向前拉，保持头部位置不动。

（4）缓慢回到初始位置并重复练习。

注意事项：头部和躯干保持稳定，头部不要前伸。

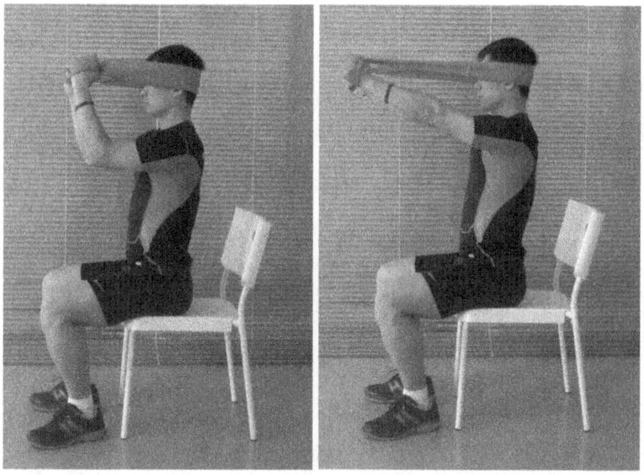

图3-44　颈部等长后伸

15.颈部等长侧屈（图3-45）

训练目的：激活颈部深层侧屈肌肉，缓解颈部慢性疼痛。

动作要求：

（1）将弹力带绕过头部侧面，前臂外展，肘关节弯曲，掌心向前，抓紧弹力带。

（2）肘部伸直，侧向牵拉弹力带。

（3）头部和颈部保持固定，颈部不得弯曲。

（4）缓慢回到初始位置并重复练习。

注意事项：头部和躯干保持稳定，两侧肩部保持水平位置，头部不要前伸和侧弯。

图3-45　颈部等长侧屈

16.颈部等长旋转（图3-46）

训练目的：激活颈部深层侧屈肌肉，缓解颈部慢性疼痛。

动作要求：

（1）将弹力带中点置于头后侧，绕过头部并在前额交叉，双手抓紧弹力带，头部保持中立位。

（2）伸展一侧手臂的肘关节，将弹力带向侧面牵拉。

（3）保持头部固定，下颌微收。

（4）缓慢回到初始位置并重复练习。

注意事项：头部和躯干保持稳定，两侧肩部保持水平位置，头部不要前伸和旋转。

图3-46　颈部等长旋转

17.卷腹（图3-47）

训练目的：加强腰腹的力量以及核心稳定性。

动作要求：

（1）将弹力带一端固定在地面上。

（2）受训者仰卧，膝盖弯曲，双手抱胸并拉紧弹力带。

（3）双手靠拢，屈曲躯干，使肩胛骨离开地面。

（4）缓慢回到初始位置并重复练习。

注意事项：依靠腰部力量使上背部离开地面，腿部不得抬起。

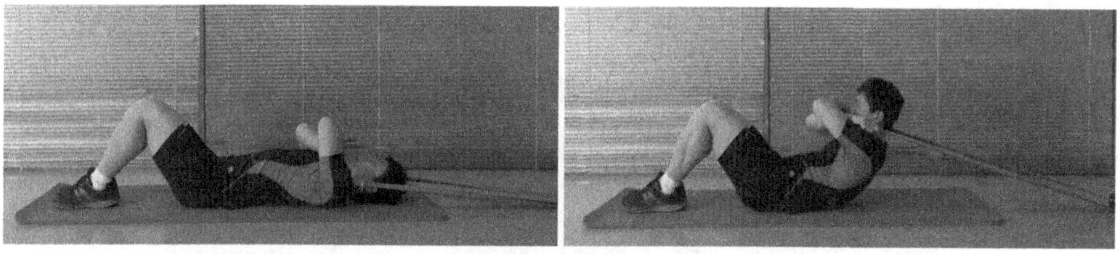

图3-47 卷腹

18. 坐姿躯干扭转（图3-48）

训练目的：加强核心力量，降低转体过程中的能量泄漏。

动作要求：

（1）受训者坐在凳子上，将弹力带一端固定，与肘部齐平。

（2）双手抓紧弹力带的另一端，放在肚脐位置前。

（3）扭转躯干并拉伸弹力带。

（4）缓慢回到初始位置并重复练习。

注意事项：背部挺直，肩部跟随躯干旋转，不得借助手臂力量拉伸弹力带。

图3-48 坐姿躯干扭转

19. 坐姿背部后伸（图3-49）

训练目的：加强下背部力量，缓解下背部疼痛。

动作要求：

（1）受训者坐在凳子上，将弹力带一端固定，与胸部齐平。

（2）受训者双手抓紧弹力带的另一端，并保持在胸部的位置。

（3）向后拉伸弹力带，保持躯干挺直。

（4）缓慢回到初始位置并重复练习。

注意事项：背部要挺直，头部不得前倾，髋部尽量保持固定。依靠背部肌肉向后牵拉弹力带，不得利用身体重力拉伸弹力带。

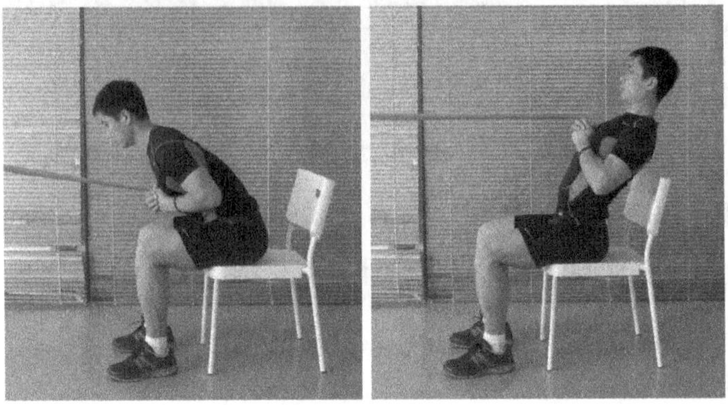

图3-49　坐姿背部后伸

20.仰卧反向卷腹（图3-50）

训练目的：加强下腹部的力量，提升核心稳定性。

动作要求：

（1）受训者仰卧，屈髋屈膝，将弹力带绕过膝关节并在大腿后侧交叉。

（2）双手抓紧弹力带，手臂放在身体两侧，肘部伸直。

（3）下腹部发力，使膝部向上顶起，髋关节离开地面。

（4）缓慢回到初始位置并重复练习。

注意事项：背部不离开地面，大腿不要向上屈曲，保持大腿与腹部的角度。

图3-50　仰卧反向卷腹

21.躯干侧弯（图3-51）

训练目的：加强核心力量，收紧腰部两旁肌肉，预防下腰疼痛。

动作要求：

（1）受训者直立，将弹力带一端固定在脚底下，同侧手抓紧弹力带。

（2）躯干向对侧弯曲，保持肘部伸直。

（3）缓慢回到初始位置并重复练习。

注意事项：肘部不得弯曲，不得借助手臂发力，不得耸肩。

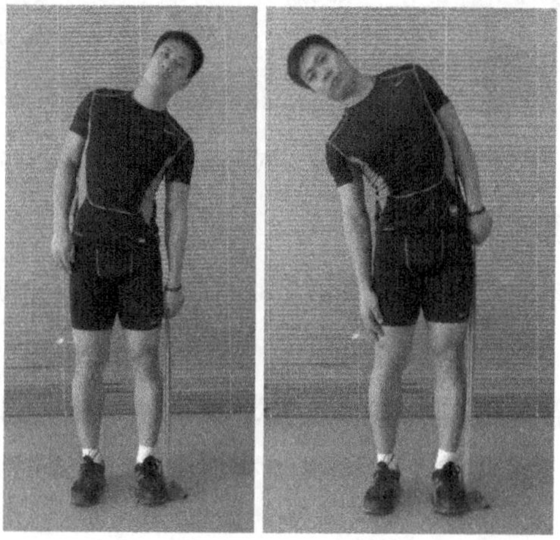

图3-51　躯干侧弯

22.对角斜举（图3-52）

训练目的：加强核心力量，激活躯干运动链，减少运动中的能量泄漏。

动作要求：

（1）将弹力带固定于地面，双手抓紧弹力带。

（2）髋关节微屈，旋转躯干，将弹力带向对侧斜上方拉起至对侧肩部，保持脊柱直立。

（3）缓慢回到初始位置并重复练习。

注意事项：躯干保持稳定，手臂伸直，肩关节保持固定，仅依靠躯干旋转力量牵拉弹力带。

图3-52 对角斜举

23.弹力带下砍（图3-53）

训练目的：加强核心力量，激活躯干运动链，减少运动中的能量泄漏。

动作要求：

（1）将弹力带固定在超过头顶的位置，双手抓紧弹力带。

（2）髋关节微屈，旋转躯干，将弹力带向对侧斜下方拉伸，至对侧髋部，保持脊柱直立。

（3）缓慢回到初始位置并重复练习。

注意事项：躯干保持稳定，手臂伸直，肩关节保持固定，仅依靠躯干旋转力量牵拉弹力带。

图3-53 弹力带下砍

（四）下肢训练

1.屈髋（图3-54）

训练目的：加强屈髋肌群的力量，提高髋部及核心稳定性。

动作要求：

（1）受训者直立，将弹力带固定在与踝关节齐平位置。

（2）将弹力带另一端固定在一条腿的踝关节处。

（3）背对弹力带固定点，向前屈曲大腿，保持膝盖伸直。

（4）缓慢回到初始位置并重复练习。

注意事项：保持身体直立和稳定，不能借助躯干晃动发力。

图3-54　屈髋

2.坐姿屈髋（图3-55）

训练目的：加强屈髋肌群的力量，提高髋部及核心稳定性。

动作要求：

（1）受训者坐在凳子上，将弹力带一端踩在一条腿的足底，另一端固定在另一条腿的膝盖上侧。

（2）大腿对抗弹力带阻力，慢慢向上抬起。

（3）缓慢回到初始位置并重复练习。

注意事项：保持身体直立和稳定，躯干不得前倾。

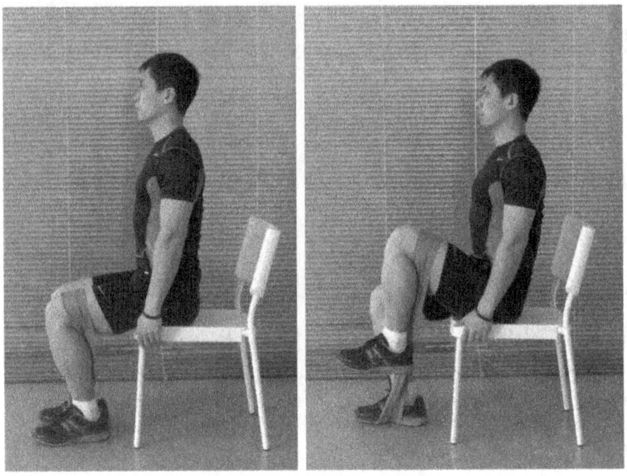

图3-55　坐姿屈髋

3.髋内收（图3-56）

训练目的：加强髋部内收肌群的力量，收紧大腿内侧肌肉。

动作要求：

（1）受训者站立，将弹力带一端固定在与踝关节齐平位置，另一端固定在一条腿的踝关节处。

（2）保持膝盖伸直，另一条腿向内侧发力牵拉弹力带。

（3）缓慢回到初始位置并重复练习。

注意事项：骨盆和躯干保持稳定，膝盖伸直。

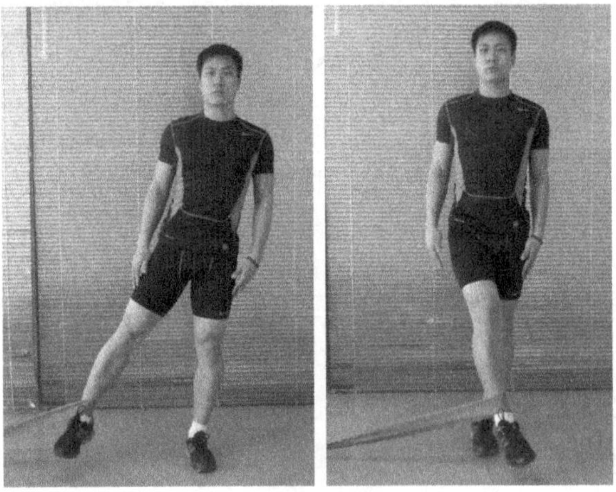

图3-56　髋内收

4.髋外展（图3–57）

训练目的：加强髋部外展肌群的力量，收紧大腿外侧肌肉。

动作要求：

（1）受训者站立，单手抓住弹力带一端并用同侧脚固定住，另一端固定在另一侧脚踝处。

（2）保持膝盖伸直，向外侧牵拉弹力带。

（3）缓慢回到初始位置并重复练习。

注意事项：骨盆和躯干保持稳定，膝盖伸直。

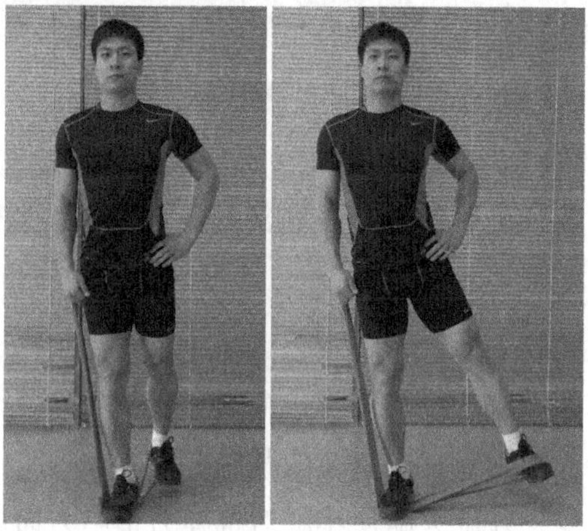

图3–57　髋外展

5.髋内旋（图3–58）

训练目的：加强髋关节内旋肌群的力量。

动作要求：

（1）受训者坐在凳子上，将弹力带一端固定在与踝关节齐平位置。

（2）将弹力带另一端固定在一条腿的踝关节处。

（3）大腿位置不变，内旋大腿使小腿对抗弹力带阻力向外运动。

（4）缓慢回到初始位置并重复练习。

注意事项：保持骨盆和躯干稳定，不得借助大腿外展发力。

图3-58　髋内旋

6.髋外旋（图3-59）

训练目的：激活髋外旋肌群，加强髋部的稳定性，缓解髋内旋紧张引起的膝部慢性疼痛。

动作要求：

（1）受训者坐在凳子上，将弹力带一端固定在与踝关节齐平位置。

（2）将弹力带另一端固定在一条腿的踝关节处。

（3）大腿位置不变，外旋大腿使小腿对抗弹力带阻力向内运动。

（4）缓慢回到初始位置并重复练习。

注意事项：保持骨盆和躯干稳定，不得借助大腿内收发力。

图3-59　髋外旋

7.髋外展+髋外旋（图3-60）

训练目的：激活髋外旋肌群，加强髋部的稳定性。

动作要求：

（1）将弹力带绕在大腿上靠近膝盖的位置。

（2）受训者仰卧，用肘部支撑起身体，膝盖弯曲。

（3）两条大腿对抗弹力带阻力向外分开。

（4）缓慢回到初始位置并重复练习。

注意事项：脚踝相互靠拢，运动过程中不得分开。

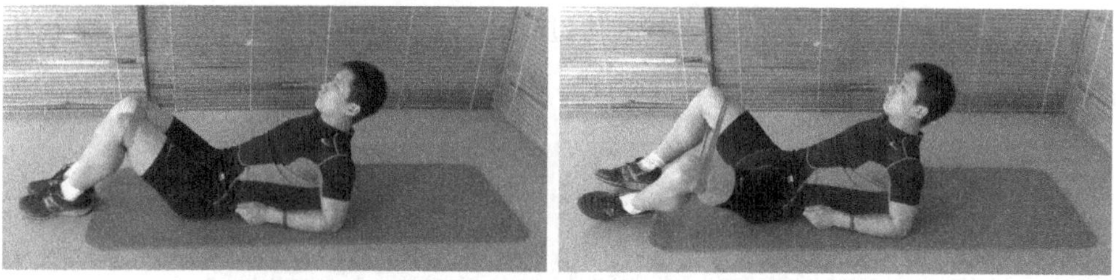

图3-60　髋外展+髋外旋

8.硬拉（图3-61）

训练目的：加强下背部肌肉和臀部肌肉的力量，缓解下背部疼痛。

动作要求：

（1）受训者双脚站在弹力带中间，下蹲，双手抓紧弹力带两端。

（2）将弹力带拉紧，保持背部和肘部伸直，缓慢伸髋伸膝。

（3）缓慢回到初始位置并重复练习。

注意事项：膝盖和脚尖的方向一致，膝盖尽量不超过脚尖。

图3-61　硬拉

9.单腿膝关节后伸（图3–62）

训练目的：加强膝关节后伸肌群的力量，增强本体感觉。

动作要求：

（1）受训者站立，将弹力带一端固定在与膝关节齐平位置。

（2）将弹力带另一端固定在一条腿的膝盖处，训练一侧大腿保持半蹲，另一条腿脚尖着地，维持平衡。

（3）伸直训练腿，足跟与地面保持接触。

（4）缓慢回到初始位置并重复练习。

注意事项：背部挺直，在整个运动过程中，需保持弹力带的张力，膝盖和脚尖方向都向前。

图3–62　单腿膝关节后伸

10.坐姿伸膝（图3–63）

训练目的：加强大腿前侧肌群的力量。

动作要求：

（1）受训者坐在凳子上，将弹力带一端固定于凳腿处，另一端固定于一条腿的脚踝处。

（2）单腿向上发力，伸直膝盖，然后缓慢返回初始位置。

（3）两腿交换练习。

注意事项：背部挺直，膝盖和运动腿的脚尖向上。

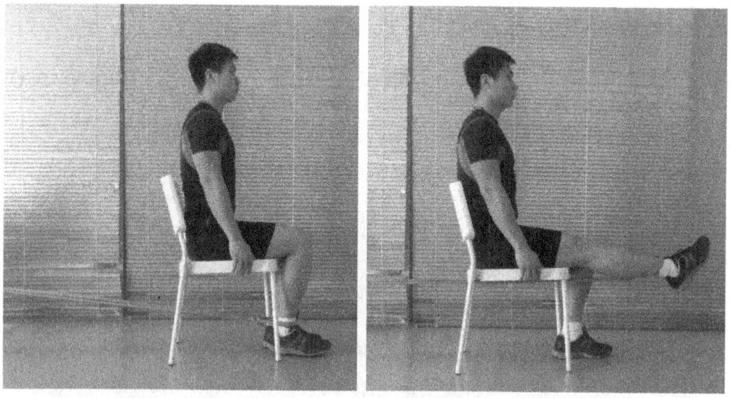

图3-63 坐姿伸膝

11.俯卧伸膝（图3-64）

训练目的：加强大腿前侧肌群的力量。

动作要求：

（1）受训者俯卧，将弹力带一端固定在受训者前方。

（2）将弹力带另一端固定在一只脚上，训练腿屈膝，拉紧弹力带，另一条腿伸直。

（3）膝关节缓慢对抗弹力带阻力，训练腿伸直。

（4）缓慢回到初始位置并重复练习。

注意事项：在运动过程中，保持弹力带张力。

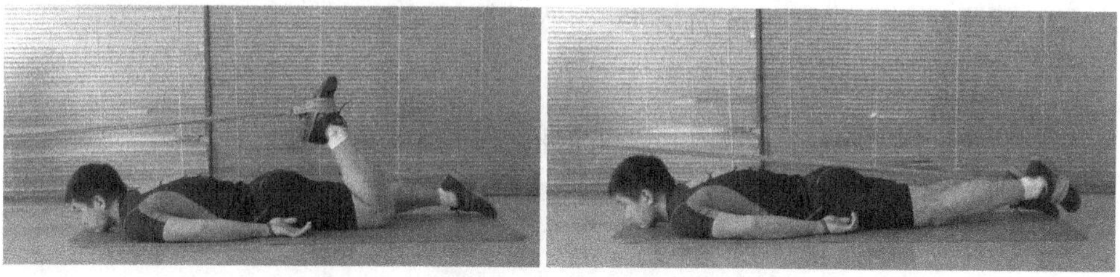

图3-64 俯卧伸膝

12.坐姿屈膝（图3-65）

训练目的：加强大腿后侧肌群的力量。

动作要求：

（1）受训者坐在凳子上，将弹力带一端固定，与踝关节齐平。

（2）弹力带位于受训者前方，另一端固定在受训者的踝关节处。

（3）膝部屈曲，向后拉伸弹力带。

（4）缓慢回到初始位置并重复练习。

注意事项：躯干保持稳定，动作幅度尽可能大，在整个运动过程中需保持弹力带的张力。

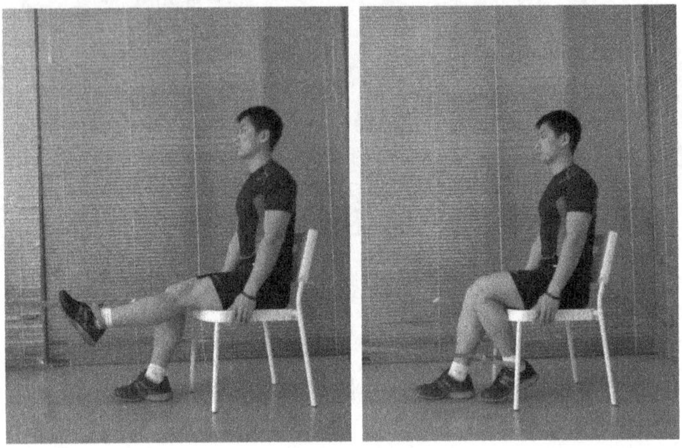

图3-65　坐姿屈膝

13.半蹲（图3-66）

训练目的：加强大腿和髋部肌肉的力量。

动作要求：

（1）双脚打开与肩同宽，双脚踩住弹力带中间位置，双手抓紧弹力带两端，肘部伸直。

（2）缓慢下蹲至小腿与地面呈45°，然后缓慢站起。

（3）缓慢回到初始位置并重复练习。

注意事项：背部挺直，膝盖和脚尖向前，膝盖最好不要超过脚尖。

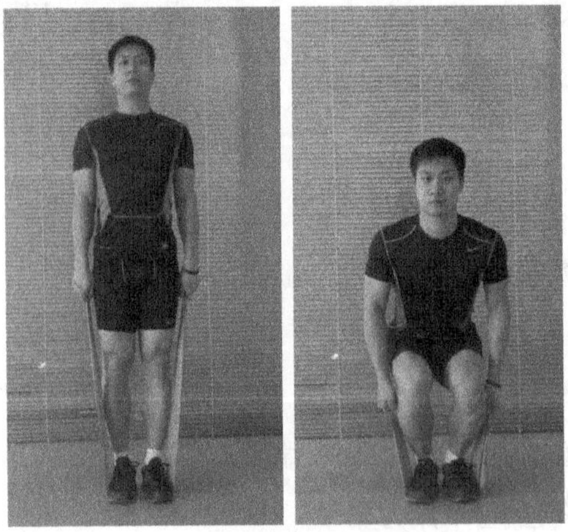

图3-66　半蹲

14.腿蹬伸（图3–67）

训练目的：加强大腿前侧肌肉的力量。

动作要求：

（1）受训者坐在凳子上，将弹力带绕过训练腿的足底，训练腿屈髋屈膝，双手抓紧弹力带。

（2）大腿对抗弹力带阻力向下运动，膝部伸直。

（3）缓慢回到初始位置并重复练习。

注意事项：双手抓紧弹力带，不得松开。

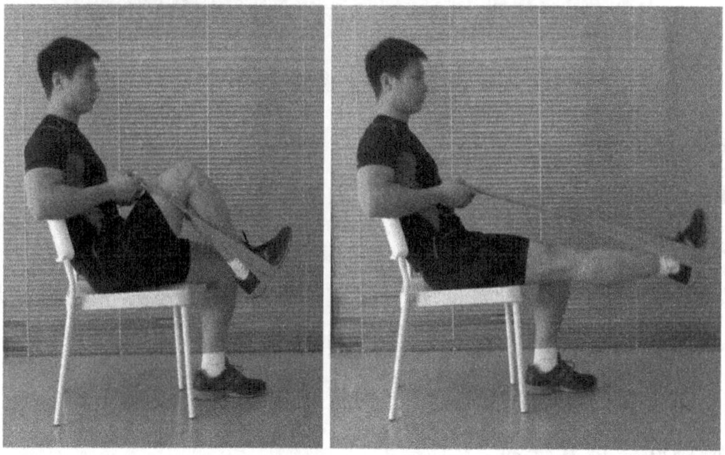

图3–67　腿蹬伸

15.深蹲（图3–68）

训练目的：加强大腿和髋部肌肉的力量。

动作要求：

（1）双脚打开与肩同宽，双脚踩住弹力带中间位置，双手抓紧弹力带两端，肘部伸直。

（2）缓慢下蹲至大腿与地面齐平。

（3）缓慢回到初始位置并重复练习。

注意事项：背部挺直，膝盖和脚尖向前，膝盖最好不要超过脚尖。

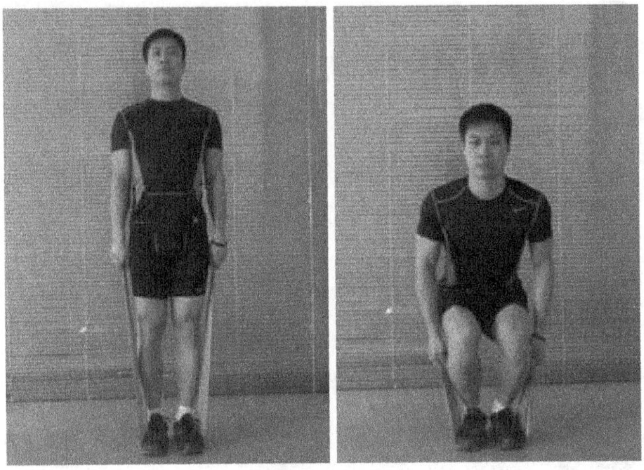

图3-68　深蹲

16.弓箭步（图3-69）

训练目的：加强大腿和髋部肌肉的力量。

动作要求：

（1）受训者一只脚踩住弹力带中间位置，双手抓紧弹力带两端，肘部弯曲。

（2）另一条腿后退一步，膝盖微微弯曲。

（3）躯干保持直立，踩在弹力带上的腿膝盖弯曲，缓慢下蹲。

（4）缓慢站起，重复练习。

注意事项：背部挺直，膝盖和脚尖向前，膝盖最好不要超过脚尖。

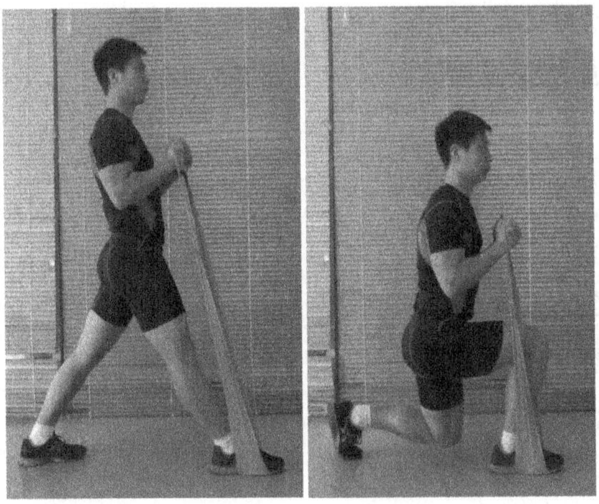

图3-69　弓箭步

17.单腿半蹲（图3-70）

训练目的：加强大腿和髋部肌肉的力量。

动作要求：

（1）受训者一只脚踩住弹力带中间位置，双手抓紧弹力带两端，肘部伸直。

（2）另一条腿抬起，踩在弹力带上的腿支撑身体。

（3）缓慢下蹲至大腿与地面呈45°角，然后缓慢站起，重复练习。

注意事项：背部挺直，膝盖和脚尖向前，膝盖最好不要超过脚尖。

图3-70　单腿半蹲

18.踝背屈（图3-71）

训练目的：加强小腿前侧肌群的力量，增强踝关节稳定性，预防踝关节扭伤。

动作要求：

（1）受训者坐在地面上，两腿伸直。

（2）将弹力带一端固定在与踝关节齐平的位置，另一端套在前脚掌上。

（3）受训者用力向面部做勾脚尖的运动，然后缓慢恢复初始动作，重复练习。

注意事项：保证运动过程中弹力带有足够的张力，不得借助脚后跟移动发力。

图3-71　踝背屈

19.踝跖屈（图3-72）

训练目的：加强小腿后侧肌群的力量，增强踝关节稳定性。

动作要求：

（1）受训者坐在地面上，两腿伸直。

（2）弹力带套在练习腿足底，双手抓紧弹力带。

（3）受训者用力向下做踮脚尖的运动，然后缓慢恢复初始动作，重复练习。

注意事项：保证运动过程中弹力带有足够的张力，不得借助脚后跟移动发力。

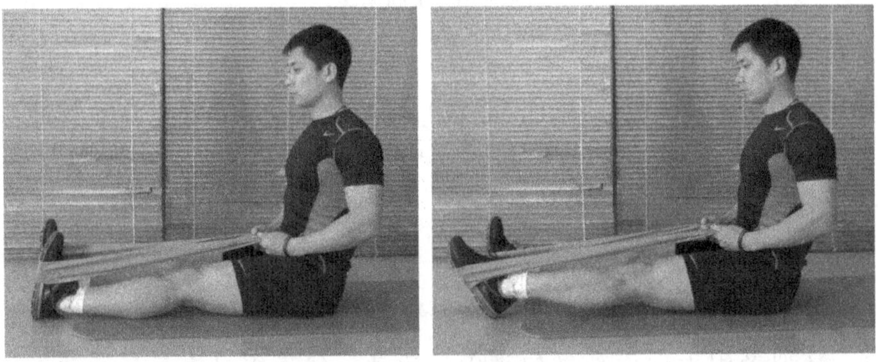

图3-72　踝跖屈

20.足内翻（图3-73）

训练目的：加强踝关节内翻肌群的力量，增强踝关节稳定性，预防踝关节扭伤。

动作要求：

（1）受训者坐在地面上，练习腿伸直，另一条腿弯曲。

（2）将弹力带套在练习腿前脚掌，另一端固定在练习腿外侧面与踝部齐平位置。

（3）对抗弹力带阻力将足内旋。

（4）缓慢回到初始位置并重复练习。

注意事项：保证运动过程中弹力带有足够的张力，膝盖固定，不得借助腿内旋发力。

图3-73　足内翻

21.足外翻（图3-74）

训练目的：加强踝关节外翻肌群的力量，增强踝关节稳定性，预防踝关节扭伤。

动作要求：

（1）受训者坐在地面上，练习腿伸直，另一条腿弯曲。

（2）将弹力带套在练习腿前脚掌，另一端固定在练习腿内侧面与踝关节齐平位置。

（3）对抗弹力带阻力将足外翻，缓慢回到初始位置并重复练习。

注意事项：保证运动过程中弹力带有足够的张力，膝盖固定，不得借助腿外旋发力。

图3-74　足外翻

（五）全身整体训练

1.站姿蹬腿+肩上推举（图3-75）

训练目的：收紧大腿前侧及肩膀肌肉，增强身体平衡能力和核心控制能力。

动作要求：

（1）受训者双眼平视前方，上身挺立，收紧腹部，左腿站立，右腿屈膝，右大腿与地面平行。

（2）将弹力带中间套在右脚上，双手抓紧弹力带两端，上臂打开，前臂垂直于地面，掌心向前。

（3）双手上举，肩膀略往后收。

注意事项：骨盆保持稳定，上身不得后倾，不得耸肩，肘部伸直但不要过伸。

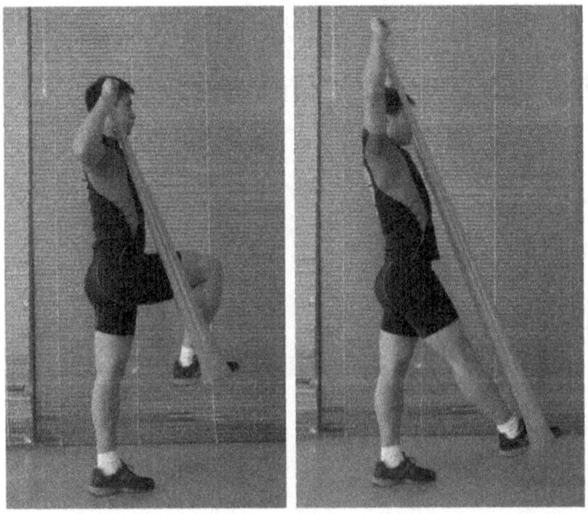

图3-75　站姿蹬腿+肩上推举

2. 俯身蹬腿+直臂上拉（图3–76）

训练目的：收紧大腿前侧及肩膀肌肉，增强身体平衡能力和核心控制能力。

动作要求：

（1）受训者左腿站立，上身挺直，稳定躯干，以髋为轴心前倾约90°。

（2）目视脚前方，右腿屈髋屈膝，将弹力带中间套在右脚上。

（3）双手垂直往下，抓紧弹力带。

（4）右腿后蹬至伸直，同时双手伸直上拉弹力带。

（5）缓慢回到初始位置并重复练习。

注意事项：骨盆保持稳定，上身不得后倾，不得耸肩，肘部伸直但不要过伸。

图3–76 俯身蹬腿+直臂上拉

（六）爆发力训练

1. 半蹲高拉（图3–77）

训练目的：增加后侧运动链的爆发力。

动作要求：

（1）将弹力带一端固定于地面上。

（2）受训者半蹲站立，双脚与肩同宽，背部挺直。

（3）手臂伸直，前屈45°，双手抓紧弹力带。

（4）双腿伸直，同时双手借助上升力量向上方拉起弹力带，肘部保持伸直，直到手臂完全伸直，垂直于地面。

（5）缓慢回到初始动作，重复练习。

注意事项：动作尽可能快速完成，双手主要借助下肢蹬伸力量将弹力带拉起。

图3-77　半蹲高拉

2.弹力带出拳（图3-78）

训练目的：模仿拳击动作，锻炼肌肉力量。

动作要求：

（1）将弹力带一端固定于与胸部齐平位置。

（2）受训者弓步，右脚前，左脚后。

（3）右手抓紧弹力带向后转体，并伸直手臂快速击打前方。

（4）缓慢回到初始动作，重复练习。

注意事项：注意弹力带固定位置，将弹力带从腋下穿过，避免弹力带缠绕身体，保持手腕中立位，减少腕关节压力。

图3-78　弹力带出拳

3.高尔夫球上挥杆（图3–79）

训练目的：模仿高尔夫球上挥杆动作，强化相关肌肉群的力量。

动作要求：

（1）将弹力带固定在地面上。

（2）双手抓紧弹力带，膝微屈，直臂于腹部前方。

（3）背部挺直，收紧腹部，肩胛骨下压。

（4）模仿上挥杆动作，躯干向右转动，同时右手屈肘，左手伸直向前拉。

（5）缓慢回到初始动作，重复练习。

注意事项：手往上提时，注意左侧不要耸肩。

图3–79 高尔夫球上挥杆

4.单腿支撑提膝（图3–80）

训练目的：模仿跑步运动，加强屈髋与蹬伸力量。

动作要求：

（1）将弹力带固定在身体后方地面位置，弹力带套在右脚踝，左腿站立，膝微屈。

（2）左手在前，右手在后，模仿摆臂动作，背部挺直并略微前倾，收紧腹部。

（3）右腿向胸部提膝，保持平衡。

（4）缓慢回到初始动作，重复练习。

注意事项：单腿保持平衡时，避免出现骨盆侧移的情况。

图3-80　单腿支撑提膝

5.弹力带阻力跳（图3-81）

训练目的：增加弹跳能力。

动作要求：

（1）将弹力带穿过颈部，套在双脚下方。

（2）双脚站立，与肩同宽，屈髋屈膝。

（3）双手向后摆动，做起跳姿势。

（4）背部挺直略微前倾，腹部收紧。

（5）腿部用力向上跳起，同时配合摆臂运动。

（6）缓慢回到初始动作，重复练习。

注意事项：将弹力带置于膝内侧，避免缠绕身体影响训练。

图3-81　弹力带阻力跳

第四章　瑞士球训练

一、瑞士球简介

今天我们见到的瑞士球起初是作为儿童玩具由意大利人发明的，后来两位在瑞士工作的英国医生将其应用于儿童和神经功能受损病人的康复治疗项目中。20世纪80年代，美国物理治疗师将其由瑞士引入北美，得名“瑞士球”，被广泛应用到康复治疗的各个方面。20世纪90年代，瑞士球的使用开始从治疗和康复领域传播到训练场，并且在健身领域和体能训练中呈现出蓬勃发展的态势。至此，瑞士球的使用丰富了体能训练理论和实践，开创了核心部位力量练习的新潮流。

二、瑞士球训练的价值

（一）作为功能性热身工具

充分合理的准备活动能够预防伤病，提升训练效果。在准备活动中加入瑞士球练习，能够激活深层稳定肌群，增强本体感觉，从而获得意想不到的热身效果。

（二）强化核心柱力量训练

在瑞士球上进行训练会对核心柱产生强烈的刺激，强化核心柱的力量，提高运动表现。

（三）全面提升力量水平

使用瑞士球能够全面训练身体各个部位肌群的力量，使各个部位均衡发展，整体提高。

（四）作为功能康复利器

瑞士球的训练是利用自身体重，无外加负荷，在不平衡的状态下激活本体感觉，增强深层肌肉力量，从而达到功能康复的目的。

三、瑞士球规格选择

瑞士球有不同的规格，使用瑞士球训练时需根据自己的身高来选择合适的规格（见表4–1）。具体来说，身高在145厘米以下的人适合使用35厘米直径的球，身高在145—165厘米的人适合使用45厘米直径的球，身高在165—185厘米的人适合使用55厘米直径的球，身高在185—195厘米的人适合使用65厘米直径的球，身高在195厘米以上的人适合使用75厘米直径的球。

表4–1 瑞士球规格选择

身高范围	瑞士球直径	瑞士球型号
<145 cm	35 cm	小型
145 cm≤身高<165 cm	45 cm	中型
165 cm≤身高<185 cm	55 cm	大型
185 cm≤身高≤195 cm	65 cm	超大型
>195 cm	75 cm	最大型

四、瑞士球训练的方法

（一）热身部分

1.站姿靠墙伸臂（图4–1）

训练目的：激活肩部和胸部肌群。

动作要求：

（1）受训者面向墙面站立，双手撑瑞士球并将球顶在墙上。

（2）身体前倾同时双臂上举，将球向上推起至手臂伸直后恢复起始姿势。

注意事项：练习过程中控制身体平衡稳定，保持正常呼吸，不能憋气。

图4–1　站姿靠墙伸臂

2. 俯桥静力支撑（图4–2）

训练目的：激活核心区前侧肌群。

动作要求：

（1）俯卧，屈肘撑在练习垫上，双脚撑在瑞士球上。

（2）收腹挺腰，保持俯桥静力支撑60秒，完成练习。

注意事项：练习过程中保持肩、髋、膝、踝在一条直线上，控制身体平衡。保持正常呼吸，不能憋气。可以采用肘撑瑞士球的姿势来改变练习难度。

图4–2　俯桥静力支撑

3. 背桥静力支撑（图4–3）

训练目的：激活核心区后侧肌群。

动作要求：

（1）仰卧，肩撑在练习垫上，双手交叉放于肩上，双脚置于瑞士球上。

（2）收腹挺腰，保持背桥静力支撑60秒，完成练习。

注意事项：练习过程中保持肩、髋、膝、踝在一条直线上，保持身体平衡。保持正常呼吸，不能憋气。可以采用肩撑瑞士球的姿势来改变练习难度。

图4-3 背桥静力支撑

4.站姿双人控球（图4-4）

训练目的：激活核心区及肩关节周围肌群。

动作要求：

（1）双脚半蹲姿势站立，双臂前平举抱瑞士球。

（2）同伴从不同角度击打瑞士球，受训者须尽量控制球的稳定性，不要被同伴拍动，保持60秒，完成练习。

注意事项：练习过程中控制身体平衡，保持正常呼吸，不能憋气。

图4-4 站姿双人控球

5.仰卧靠墙蹬球（图4–5）

训练目的：激活髋关节及膝关节周围肌群。

动作要求：

（1）仰卧在垫子上，双手交叉抱胸，屈膝屈髋，双腿上举，双脚将球固定在墙面上。

（2）伸膝伸髋，将球向上蹬起后恢复起始姿势。

注意事项：练习过程中始终保持瑞士球紧贴在墙面上。

图4–5　仰卧靠墙蹬球

（二）上肢肌群练习

1.球上俯卧撑（图4–6）

训练目的：加强肩部、胸部、伸肘肌群的力量及核心的稳定性。

动作要求：

（1）双臂伸直，双手撑地与肩同宽，双腿并拢，双脚撑在瑞士球上，保持俯撑姿势。

（2）屈肘，身体前倾直到身体贴近地面后伸臂将身体推起。

注意事项：练习过程中保持身体平直呈一条直线。可以采用双手撑瑞士球，双脚撑地的姿势增加练习难度。

图4-6　球上俯卧撑

2. 跪姿直臂前伸（图4-7）

训练目的：加强胸、肩、背部肌群的力量及核心的稳定性。

动作要求：

（1）屈膝跪立在垫子上，双臂伸直，双手撑瑞士球。

（2）身体前倾，双手将球向前推，后伸肩将球拉回并恢复起始姿势。

注意事项：练习过程中保持腰背部平直。

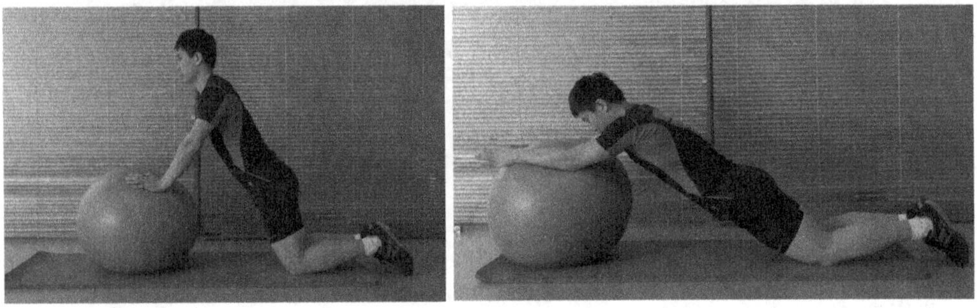

图4-7　跪姿直臂前伸

3. 俯卧多向伸臂

训练目的：加强肩部肌群的力量及核心的稳定性。

一级难度（图4-8）

动作要求：

（1）俯卧，腹部撑在瑞士球上，双臂自然下垂放于体侧。

（2）双臂依次完成直臂前伸、屈肘外展、直臂水平外展、直臂后伸。

注意事项：练习过程中保持身体平直，控制身体平衡。

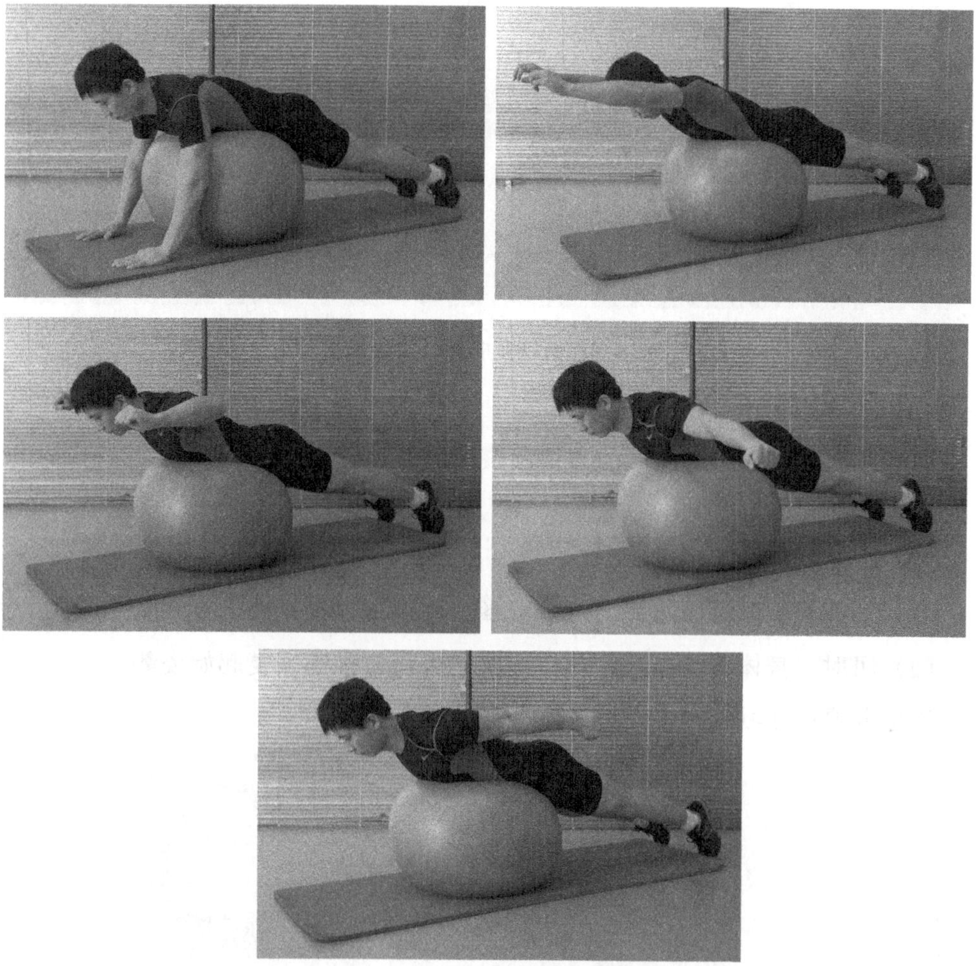

图4-8 俯卧多向伸臂一级难度

二级难度（图4–9）

动作要求：可以采用双手持重物的方式增加练习难度。

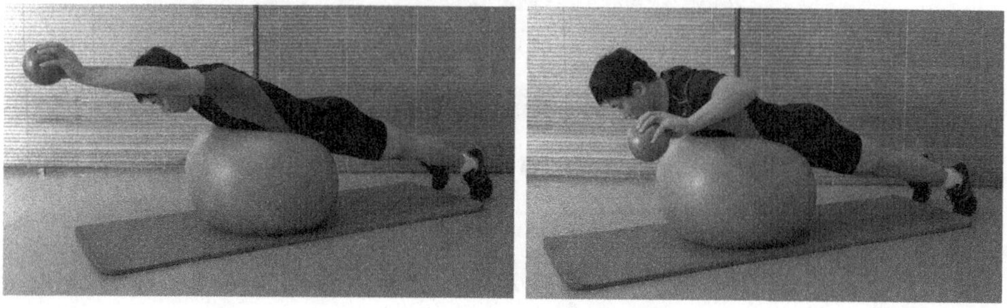

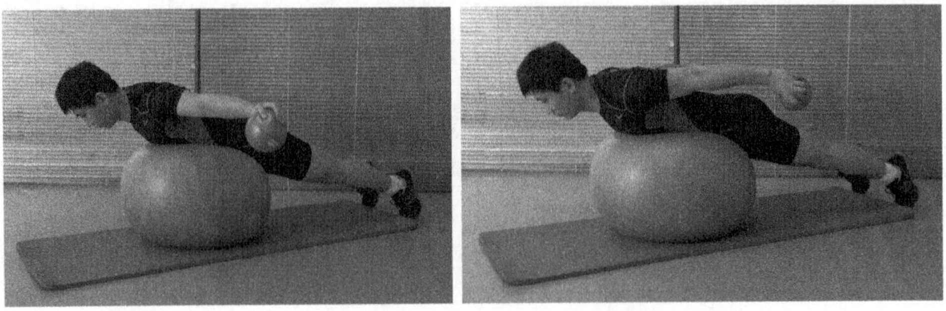

图4-9　俯卧多向伸臂二级难度

4.站姿靠墙臂屈伸

训练目的：加强伸肘肌群的力量及核心的稳定性。

一级难度（图4-10）

动作要求：

（1）受训者面向墙面站立，双臂上举，将瑞士球顶在墙上。

（2）屈肘，身体前倾，至触球后伸肘，将身体推起恢复起始姿势。

注意事项：练习过程中保持身体平直呈一条直线。

图4-10　站姿靠墙臂屈伸一级难度

二级难度（图4-11）

动作要求：可以采用单脚站立支撑方式改变练习难度。

图4-11　站姿靠墙臂屈伸二级难度

5.站姿靠墙弯举

训练目的：加强屈肘肌群的力量及核心的稳定性。

一级难度（图4-12）

动作要求：

（1）身体前倾，面向墙面站立，双臂下摆，将瑞士球顶在墙上。

（2）屈肘，将球向上提拉，同时将身体推起后伸肘，身体前倾，恢复起始姿势。

注意事项：练习过程中保持身体平直呈一条直线。

图4-12　站姿靠墙弯举一级难度

二级难度（图4–13）

动作要求：可以采用单脚站立支撑方式改变练习难度。

图4–13　站姿靠墙弯举二级难度

（三）核心区肌群练习

1.球上仰卧卷腹

训练目的：加强上腹部肌群的力量。

一级难度（图4–14）

动作要求：

（1）仰卧，下背部靠在瑞士球上，屈膝90°，双脚撑地，双臂伸直放于身体两侧。

（2）卷腹，身体前倾，坐起后恢复起始姿势，完成练习。

注意事项：练习过程中控制身体平衡。

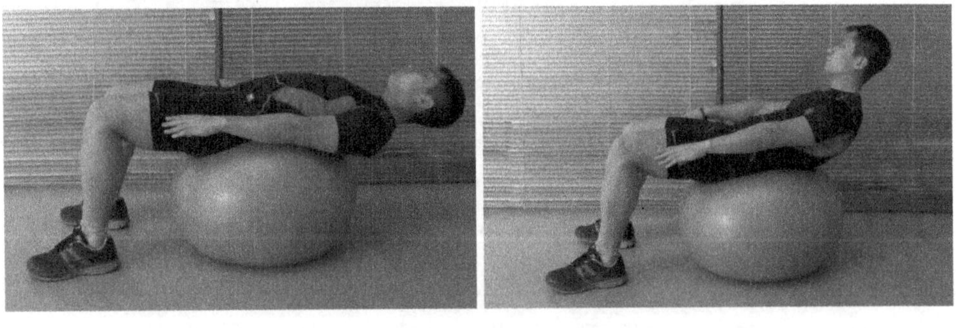

图4–14　球上仰卧卷腹一级难度

二级难度（图4-15）

动作要求：可以采用双手交叉放于头后或双臂伸直上举的姿势改变练习难度。

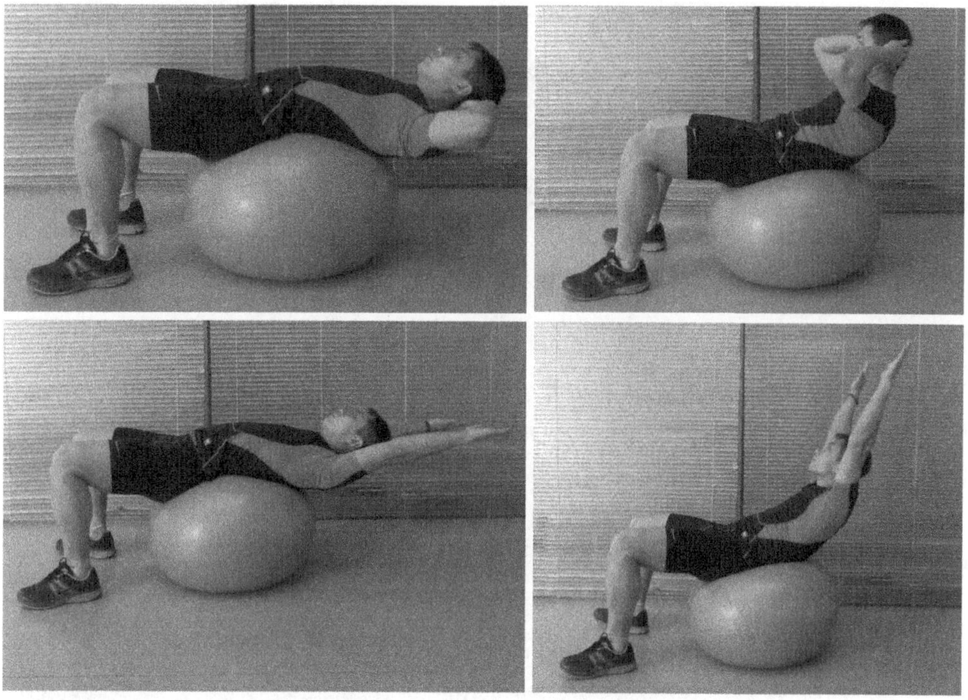

图4-15　球上仰卧卷腹二级难度

2. 俯撑屈膝收腹

训练目的：加强下腹部肌群的力量。

一级难度（图4-16）

动作要求：

（1）双臂伸直，双手撑地，双脚撑在瑞士球上，保持俯撑姿势。

（2）屈髋屈膝，收腹，将球拉近身体后恢复起始姿势。

注意事项：练习过程中保持腰背部平直，双臂伸直，不能弯曲。

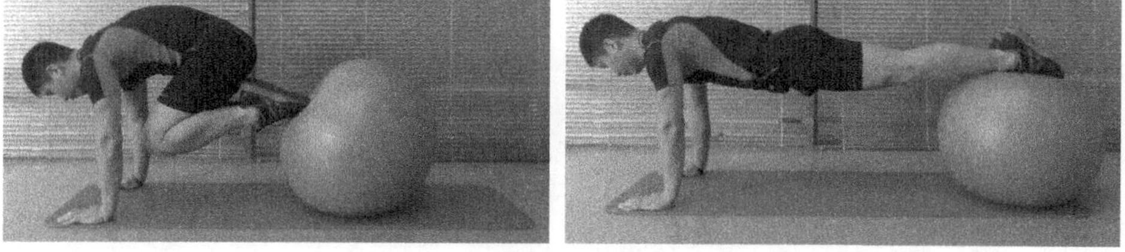

图4-16　俯撑屈膝收腹一级难度

二级难度（图4–17）

动作要求：可以采用单腿撑球的姿势增加练习难度。

图4–17　俯撑屈膝收腹二级难度

3. 直腿屈髋收腹

训练目的：加强屈髋肌群的力量。

一级难度（图4–18）

动作要求：

（1）双臂伸直，双手撑地，双脚撑在瑞士球上，保持俯撑姿势。

（2）直腿屈髋，将球上拉至身体与地面垂直后恢复起始姿势。

注意事项：练习过程中保持腰背部平直，双腿伸直，不能弯曲。

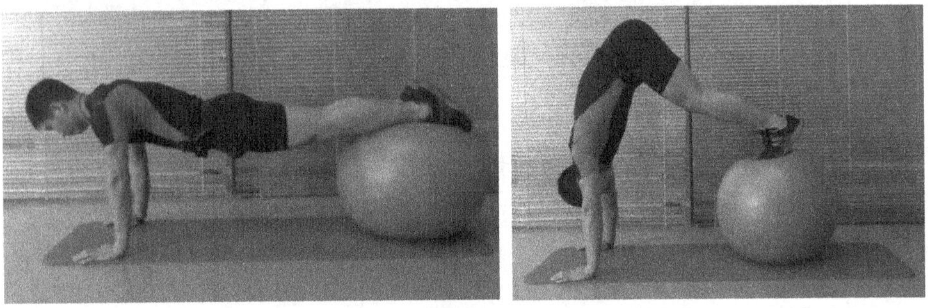

图4–18　直腿屈髋收腹一级难度

二级难度（图4–19）

动作要求：可以采用单腿撑球的姿势增加练习难度。

图4-19 直腿屈髋收腹二级难度

4.仰卧球上转体

训练目的：加强腹内外斜肌的力量。

一级难度（图4-20）

动作要求：

（1）仰卧，肩撑在瑞士球上，屈膝90°，双脚撑地，双臂伸直前平举。

（2）腰部扭转，带动上体侧向转动，至双臂与地面平行后恢复起始姿势。

注意事项：练习过程中保持腰背部平直，肩、髋、膝关节在一条直线上，双臂伸直不能弯曲。

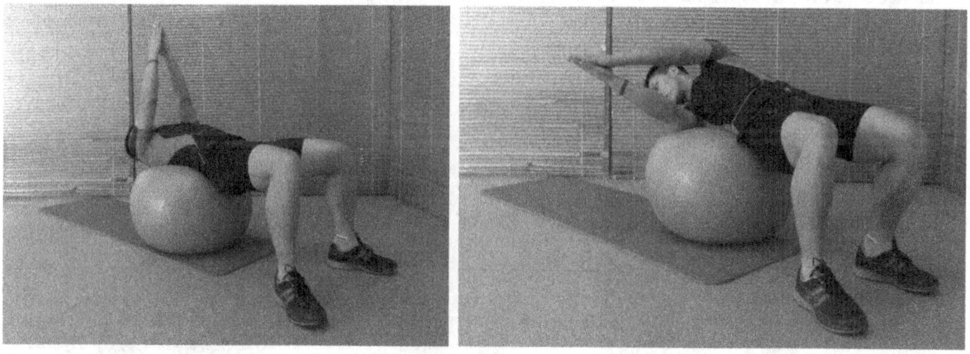

图4-20 仰卧球上转体一级难度

二级难度（图4-21）

动作要求：可以采用双手持重物的方式增加练习难度。

图4-21　仰卧球上转体二级难度

5.仰卧夹球侧摆腿

训练目的：加强腹内外斜肌的力量。

一级难度（图4-22）

动作要求：

（1）仰卧在练习垫上，双臂伸直放于体侧，屈髋90°，直腿上举，双脚夹瑞士球。

（2）双腿左右交替侧摆90°，完成练习。

注意事项：练习过程中保持手臂、双肩紧贴地面，腿部伸直，左右摆动不能接触地面。

图4-22　仰卧夹球侧摆腿一级难度

二级难度（图4-23）

动作要求：可以采用屈膝90°的姿势增加练习难度。

图4-23　仰卧夹球侧摆腿二级难度

6.俯卧球上背起

训练目的：加强下背部肌群的力量。

一级难度（图4-24）

动作要求：

（1）俯卧，腹部贴在瑞士球上，双腿伸直，双脚撑地，双臂伸直放于身体两侧。

（2）背起挺身，至最大高度后恢复起始姿势，完成练习。

注意事项：练习过程中始终将球控制在腹部位置，双腿伸直不能弯曲。

图4-24　俯卧球上背起一级难度

二级难度（图4-25）

动作要求：可以采用双手交叉放于头后或双臂伸直上举的姿势增加练习难度。

图4-25　俯卧球上背起二级难度

（四）下肢肌群练习

1.靠墙蹲起

训练目的：加强臀部肌群及股四头肌的力量。

一级难度（图4-26）

动作要求：

（1）背撑瑞士球，背向墙面站立，双手交叉放于肩上。

（2）屈膝屈髋，下蹲至大腿与地面平行后伸膝伸髋，恢复直立位，完成练习。

注意事项：练习过程中膝关节在垂直方向上不能超过脚尖。

图 4-26　靠墙蹲起一级难度

二级难度（图 4-27）

动作要求：可以采用单腿下蹲的方式增加练习难度。

图 4-27　靠墙蹲起二级难度

2. 弓步推拉球（图 4-28）

训练目的：加强髋部肌群、股四头肌力量及平衡控制能力。

动作要求：

（1）单腿站立，另一侧腿撑在瑞士球上，双手微曲。

（2）支撑腿完成蹲起的同时，另一侧腿分别向后、侧两个方向完成推拉球动作。

注意事项：练习过程中下蹲腿膝关节在垂直方向上，不能超过脚尖。

图4-28　弓步推拉球

3.仰卧屈膝收腿

训练目的：加强腘绳肌的力量。

一级难度（图4-29）

动作要求：

（1）仰卧，肩撑练习垫，双腿伸直，双脚撑在瑞士球上，双臂伸直放于体侧。

（2）屈膝，将球回拉后伸膝，恢复起始姿势。

注意事项：练习过程中保持腰背部平直。

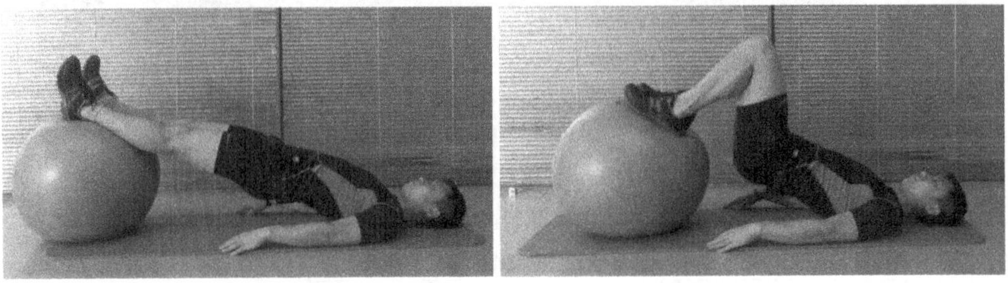

图4-29　仰卧屈膝收腿一级难度

二级难度（图4-30）

动作要求：可以采用屈膝同时挺髋的方式及单脚支撑的姿势增加练习难度。

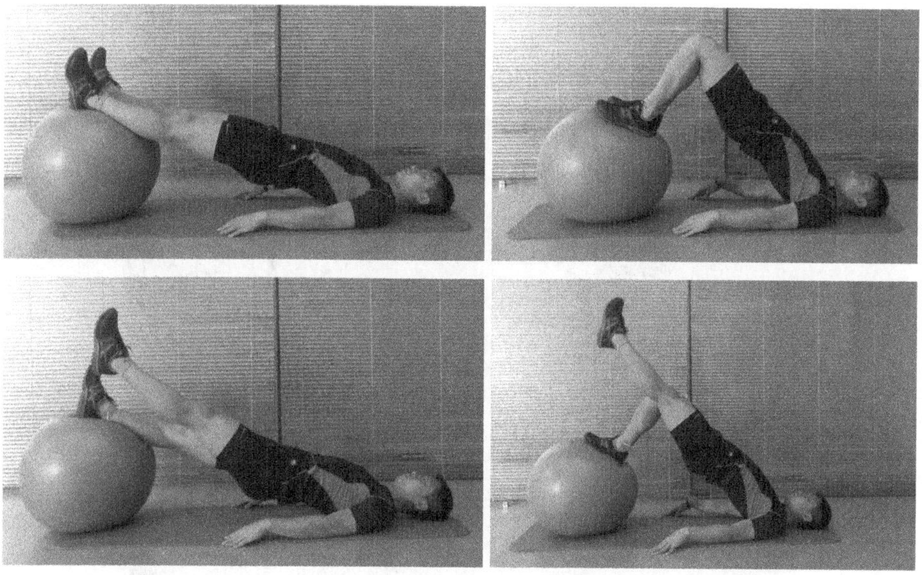

图4-30 仰卧屈膝收腿二级难度

4.站姿靠墙提踵

训练目的：加强小腿三头肌的力量。

一级难度（图4-31）

动作要求：

（1）身体前倾，面向墙面站立，双手撑瑞士球，将球顶在墙上。

（2）双脚跖屈，将身体蹬起后恢复起始姿势。

注意事项：练习过程中保持身体平直呈一条直线。

图4-31 站姿靠墙提踵一级难度

二级难度（图4–32）

动作要求：可以采用单脚支撑的方式增加练习难度。

图4–32　站姿靠墙提踵二级难度

第五章　泡沫轴训练

一、泡沫轴简介

早在19世纪50年代，圆柱形木质滚筒已作为康复工具被康复医师使用。19世纪70年代开始，木质滚筒被质量轻、硬度适中的泡沫轴所取代，并广泛应用于神经康复、运动康复及骨伤康复中。泡沫轴在国外的康复及健身领域已经被广泛使用多年。由于国内健身市场起步相对比较迟，直至20世纪初才有部分教练接触泡沫轴。近年来，泡沫轴被更多康复医师和健身教练使用，并取得了非常好的效果。

二、泡沫轴训练的价值

（一）增加关节活动度，预防运动损伤

在运动之前使用泡沫轴松解肌肉表面和肌肉之间的筋膜组织，能够有效增加关节活动度，预防运动损伤。

（二）平衡肌张力，矫正不良姿态

身体不良姿态的出现往往伴随着肌肉张力不平衡，身体姿态会向张力大的一侧偏移。使用泡沫轴松解技术能够很好地平衡肌张力，矫正不良姿态。

（三）消除肌肉粘连与扳机点

运动训练和长时间维持某一姿态都会使肌纤维变性粘连，产生扳机点。如果不能及时松解粘连、消除扳机点，会影响肌肉收缩效率、降低运动能力、增加伤病发生的概率。使用泡沫轴能够有效消除肌肉粘连与扳机点。

（四）促进机能恢复

运动会造成肌肉僵硬、乳酸堆积，使用泡沫轴松解技术能够很好地放松肌肉组织、排除乳酸，加快机能恢复速度，促进超量恢复的产生。

三、泡沫轴训练的方法

（一）上肢肌群练习

1.肩袖肌群松解（图5-1）

训练目的：按压放松肩袖后部肌群。

动作要求：

（1）将泡沫轴横向放置，受训者侧卧，将一侧肩胛部位置于泡沫轴上。

（2）将肩胛部位在泡沫轴上缓慢滚动。

（3）滚动过程中如遇疼痛部位，应在疼痛部位持续滚动，直至疼痛减轻或基本消失。

注意事项：练习前选择合适硬度的泡沫轴，滚动过程中用力要适度，避免受伤，保持正常呼吸，不能憋气。

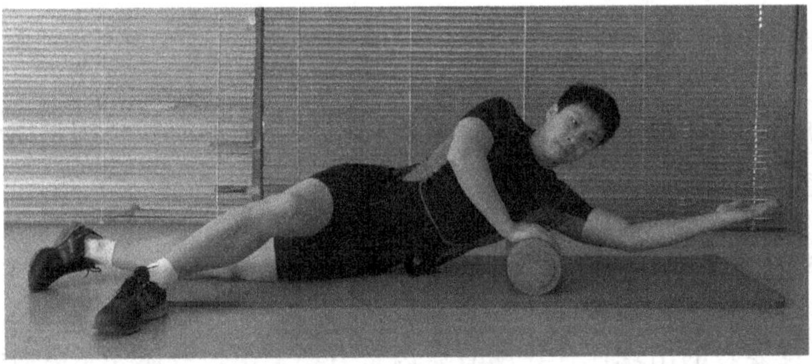

图5-1 肩袖肌群松解

2.三角肌松解（图5-2）

训练目的：按压放松三角肌。

动作要求：

（1）侧卧，屈肘将一侧手臂放于身后，上臂外侧置于泡沫轴上。

（2）将上臂外侧在泡沫轴上缓慢滚动。

（3）滚动过程中如遇疼痛部位，应在疼痛部位持续滚动，直至疼痛减轻或基本消失。

注意事项：练习前选择合适硬度的泡沫轴，滚动过程中用力要适度，避免受伤，保持正常呼吸，不能憋气。

图5-2　三角肌松解

3.肱二头肌松解（图5-3）

训练目的：按压放松肱二头肌。

动作要求：

（1）将泡沫轴纵向放置，受训者俯卧，将手臂前侧置于泡沫轴上。

（2）将手臂前侧在泡沫轴上横向缓慢滚动。

（3）滚动过程中如遇疼痛部位，应在疼痛部位持续滚动，直至疼痛减轻或基本消失。

注意事项：练习前选择合适硬度的泡沫轴，滚动过程中用力要适度，避免受伤，保持正常呼吸，不能憋气。

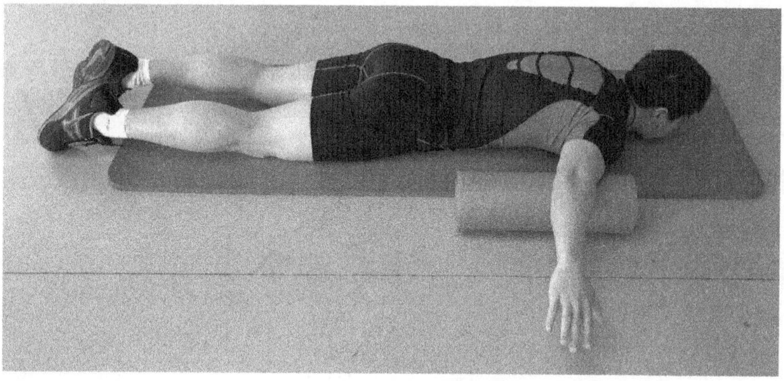

图5-3　肱二头肌松解

4.肱三头肌松解（图5–4）

训练目的：按压放松肱三头肌。

动作要求：

（1）侧卧，屈肘，将手臂外侧置于泡沫轴上。

（2）将手臂外侧在泡沫轴上缓慢滚动。

（3）滚动过程中如遇疼痛部位，应在疼痛部位持续滚动，直至疼痛减轻或基本消失。

注意事项：练习前选择合适硬度的泡沫轴，滚动过程中用力要适度，避免受伤，保持正常呼吸，不能憋气。

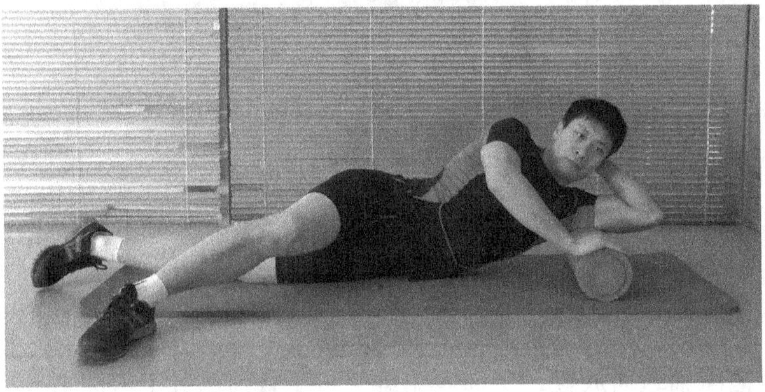

图5–4　肱三头肌松解

5.屈腕肌群松解（图5–5）

训练目的：按压放松屈腕肌群。

动作要求：

（1）跪撑，屈肘，将小臂前侧置于泡沫轴上。

（2）将小臂在泡沫轴上缓慢滚动。

（3）滚动过程中如遇疼痛部位，应在疼痛部位持续滚动，直至疼痛减轻或基本消失。

注意事项：练习前选择合适硬度的泡沫轴，滚动过程中用力要适度，避免受伤，保持正常呼吸，不能憋气。

图5-5　屈腕肌群松解

6.伸腕肌群松解（图5-6）

训练目的：按压放松伸腕肌群。

动作要求：

（1）俯身跪撑，屈肘将小臂后侧置于泡沫轴上。

（2）将小臂在泡沫轴上缓慢滚动。

（3）滚动过程中如遇疼痛部位，应在疼痛部位持续滚动，直至疼痛减轻或基本消失。

注意事项：练习前选择合适硬度的泡沫轴，滚动过程中用力要适度，避免受伤，保持正常呼吸，不能憋气。

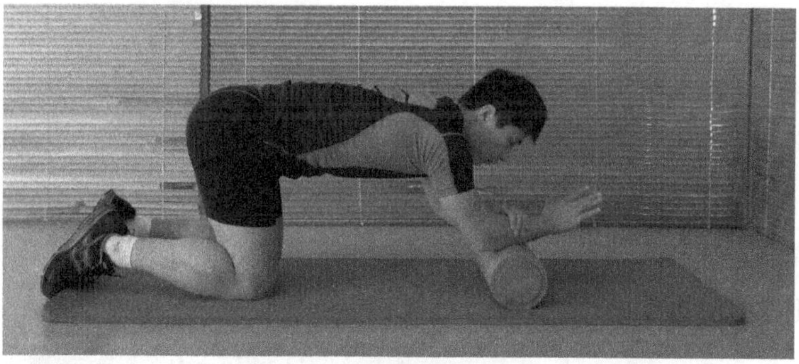

图5-6　伸腕肌群松解

（二）核心区肌群练习

1.下背部肌群松解（图5-7）

训练目的：按压放松下背部肌群。

动作要求：

（1）仰卧，将下背部置于泡沫轴上，双手交叉抱于胸前。

（2）将下背部在泡沫轴上缓慢滚动。

（3）滚动过程中如遇疼痛部位，应在疼痛部位持续滚动，直至疼痛减轻或基本消失。

注意事项：练习前选择合适硬度的泡沫轴，滚动过程中用力要适度，避免受伤，保持正常呼吸，不能憋气。

图5-7　下背部肌群松解

2.中背部肌群松解（图5-8）

训练目的：按压放松中背部肌群。

动作要求：

（1）仰卧，将中背部置于泡沫轴上，双手交叉抱于胸前。

（2）将中背部在泡沫轴上缓慢滚动。

（3）滚动过程中如遇疼痛部位，应在疼痛部位持续滚动，直至疼痛减轻或基本消失。

注意事项：练习前选择合适硬度的泡沫轴，滚动过程中用力要适度，避免受伤，保持正常呼吸，不能憋气。

图5-8　中背部肌群松解

3. 上背部肌群松解（图5–9）

训练目的：按压放松上背部肌群。

动作要求：

（1）仰卧，将上背部置于泡沫轴上，双手交叉抱于胸前。

（2）将上背部在泡沫轴上缓慢滚动。

（3）滚动过程中如遇疼痛部位，应在疼痛部位持续滚动，直至疼痛减轻或基本消失。

注意事项：练习前选择合适硬度的泡沫轴，滚动过程中用力要适度，避免受伤，保持正常呼吸，不能憋气。

图5–9　上背部肌群松解

4. 背阔肌松解（图5–10）

训练目的：按压放松背阔肌。

动作要求：

（1）侧卧，将背部一侧置于泡沫轴上，同时该侧手臂向前伸出，另一侧腿弯曲撑地。

（2）将背部侧面在泡沫轴上缓慢滚动。

（3）滚动过程中如遇疼痛部位，应在疼痛部位持续滚动，直至疼痛减轻或基本消失。

注意事项：练习前选择合适硬度的泡沫轴，滚动过程中用力要适度，避免受伤，保持正常呼吸，不能憋气。

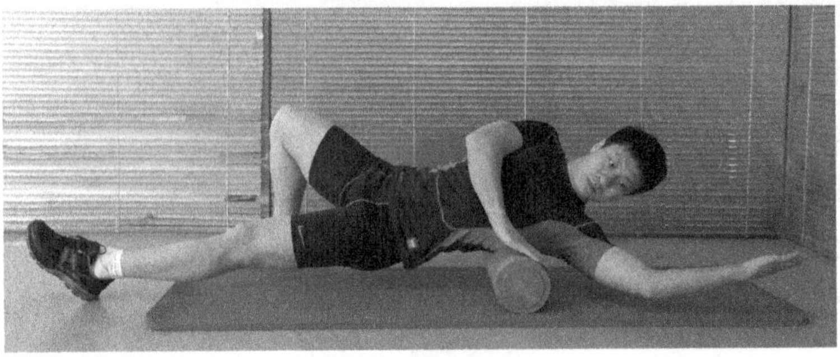

图5-10　背阔肌松解

5.颈部松解（图5-11）

训练目的：按压放松颈部肌群。

动作要求：

（1）仰卧，将颈部置于泡沫轴上，双手放于身体两侧撑地。

（2）将颈部在泡沫轴上缓慢滚动。

（3）滚动过程中如遇疼痛部位，应在疼痛部位持续滚动，直至疼痛减轻或基本消失。

注意事项：练习前选择合适硬度的泡沫轴，滚动过程中用力要适度，避免受伤，保持正常呼吸，不能憋气。

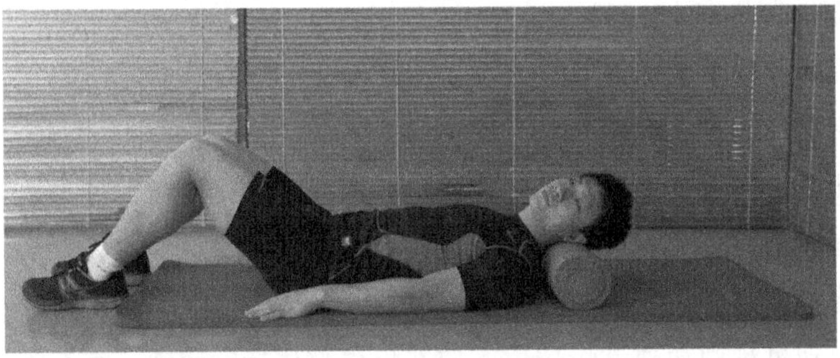

图5-11　颈部松解

6.胸大肌松解（图5-12）

训练目的：按压放松胸大肌。

动作要求：

（1）泡沫轴纵向放置，受训者俯卧，将胸部置于泡沫轴上。

（2）将胸部在泡沫轴上横向缓慢滚动。

（3）滚动过程中如遇疼痛部位，应在疼痛部位持续滚动，直至疼痛减轻或基本消失。

注意事项：练习前选择合适硬度的泡沫轴，滚动过程中用力要适度，避免受伤，保持正常呼吸，不能憋气。

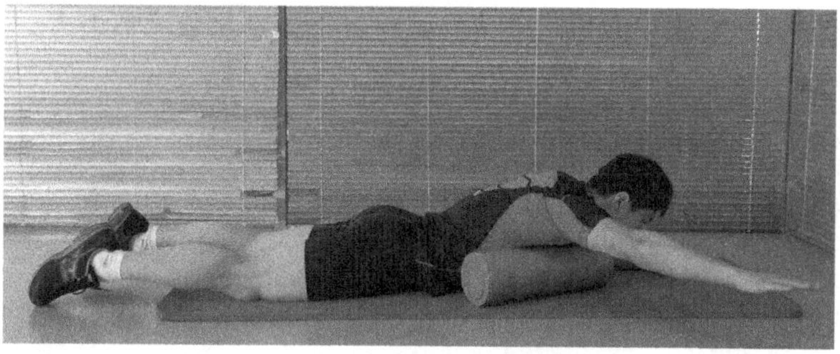

图5-12　胸大肌松解

（三）下肢肌群练习

1. 臀大肌松解（图5-13）

训练目的：按压放松臀大肌。

动作要求：

（1）一侧臀部坐于泡沫轴上，另一条腿弯曲撑地，一手撑地保持平衡。

（2）将臀部在泡沫轴上缓慢滚动。

（3）滚动过程中如遇疼痛部位，应在疼痛部位持续滚动，直至疼痛减轻或基本消失。

注意事项：练习前选择合适硬度的泡沫轴，滚动过程中用力要适度，避免受伤，保持正常呼吸，不能憋气。

图5-13　臀大肌松解

2.梨状肌松解（图5-14）

训练目的：按压放松梨状肌。

动作要求：

（1）侧向坐于泡沫轴上，同时该侧脚踝置于另一侧膝关节上方，一手撑地保持平衡。

（2）将梨状肌部位在泡沫轴上缓慢滚动。

（3）滚动过程中如遇疼痛部位，应在疼痛部位持续滚动，直至疼痛减轻或基本消失。

注意事项：练习前选择合适硬度的泡沫轴，滚动过程中用力要适度，避免受伤，保持正常呼吸，不能憋气。

图5-14　梨状肌松解

3.腘绳肌松解（图5-15）

训练目的：按压放松腘绳肌。

动作要求：

（1）将大腿后部置于泡沫轴上，另一条腿弯曲撑地，双手撑于体后。

（2）将大腿后部在泡沫轴上缓慢滚动。

（3）滚动过程中如遇疼痛部位，应在疼痛部位持续滚动，直至疼痛减轻或基本消失。

注意事项：练习前选择合适硬度的泡沫轴，滚动过程中用力要适度，避免受伤，保持正常呼吸，不能憋气。

图5-15　腘绳肌松解

4.股四头肌松解（图5-16）

训练目的：按压放松股四头肌。

动作要求：

（1）俯卧，大腿前侧置于泡沫轴上，双肘支撑，另一条腿弯曲于体侧。

（2）将大腿前侧在泡沫轴上缓慢滚动。

（3）滚动过程中如遇疼痛部位，应在疼痛部位持续滚动，直至疼痛减轻或基本消失。

注意事项：练习前选择合适硬度的泡沫轴，滚动过程中用力要适度，避免受伤，保持正常呼吸，不能憋气。

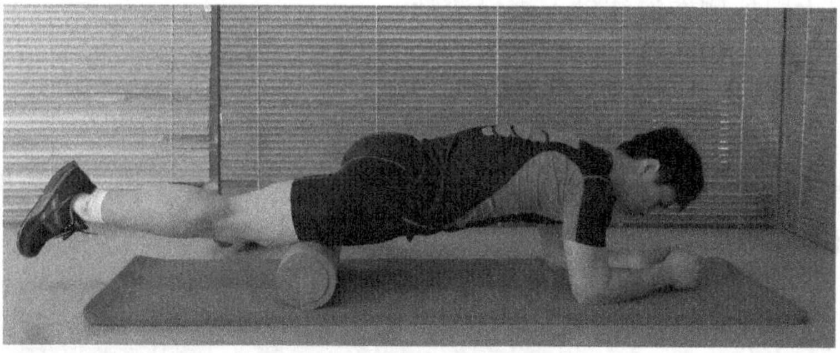

图5-16　股四头肌松解

5.髋外展肌群松解（图5-17）

训练目的：按压放松髋外展肌群。

动作要求：

（1）侧撑，将骨盆外侧置于泡沫轴上，另一侧腿屈膝撑于体前，单臂屈肘撑地。

（2）将骨盆外侧在泡沫轴上缓慢滚动。

（3）滚动过程中如遇疼痛部位，应在疼痛部位持续滚动，直至疼痛减轻或基本消失。

注意事项：练习前选择合适硬度的泡沫轴，滚动过程中用力要适度，避免受伤，保持正常呼吸，不能憋气。

图5-17 髋外展肌群松解

6.髂胫束松解（图5-18）

训练目的：按压放松髂胫束。

动作要求：

（1）侧撑，将大腿外侧置于泡沫轴上，另一侧腿屈膝撑于体前，单臂屈肘撑地。

（2）将大腿外侧在泡沫轴上缓慢滚动。

（3）滚动过程中如遇疼痛部位，应在疼痛部位持续滚动，直至疼痛减轻或基本消失。

注意事项：练习前选择合适硬度的泡沫轴，滚动过程中用力要适度，避免受伤，保持正常呼吸，不能憋气。

图5-18 髂胫束松解

7. 髋内收肌群松解（图 5-19）

训练目的：按压放松髋内收肌群。

动作要求：

（1）俯卧，双臂屈肘撑地，将一侧大腿内侧置于泡沫轴上，另一侧腿撑地保持平衡。

（2）将大腿内侧在泡沫轴上缓慢滚动。

（3）滚动过程中如遇疼痛部位，应在疼痛部位持续滚动，直至疼痛减轻或基本消失。

注意事项：练习前选择合适硬度的泡沫轴，滚动过程中用力要适度，避免受伤，保持正常呼吸，不能憋气。

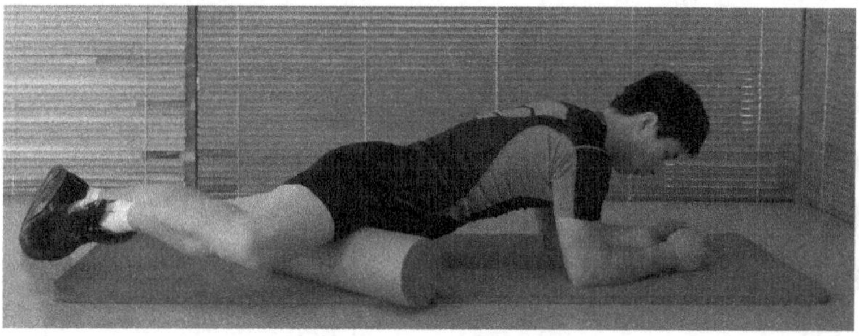

图 5-19 髋内收肌群松解

8. 小腿三头肌松解（图 5-20）

训练目的：按压放松小腿三头肌。

动作要求：

（1）将小腿后群置于泡沫轴上，另一条腿弯曲撑地，双手撑于体后。

（2）将小腿后群在泡沫轴上缓慢滚动。

（3）滚动过程中如遇疼痛部位，应在疼痛部位持续滚动，直至疼痛减轻或基本消失。

注意事项：练习前选择合适硬度的泡沫轴，滚动过程中用力要适度，避免受伤，保持正常呼吸，不能憋气。

图5-20　小腿三头肌松解

9.胫骨前肌松解（图5-21）

训练目的：按压放松胫骨前肌。

动作要求：

（1）俯卧跪撑，将小腿前侧置于泡沫轴上，双臂伸直，双手撑地保持平衡。

（2）将小腿前侧在泡沫轴上缓慢滚动。

（3）滚动过程中如遇疼痛部位，应在疼痛部位持续滚动，直至疼痛减轻或基本消失。

注意事项：练习前选择合适硬度的泡沫轴，滚动过程中用力要适度，避免受伤，保持正常呼吸，不能憋气。

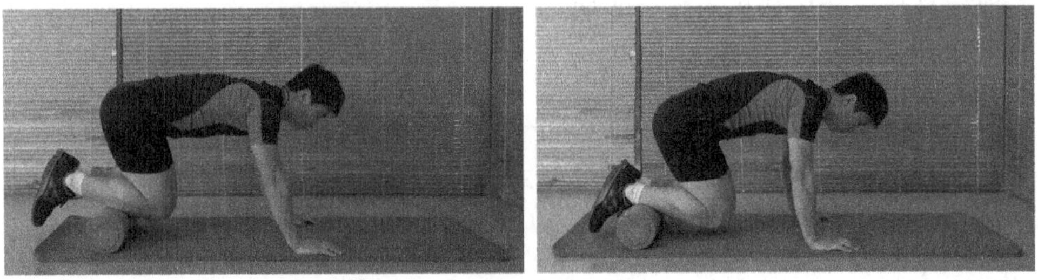

图5-21　胫骨前肌松解

10.足底肌群松解（图5-22）

训练目的：按压放松足底肌群。

动作要求：

（1）身体直立，一腿立于地面，另一只脚踩在泡沫轴上。

（2）双脚适当用力向下踩，同时在泡沫轴上缓慢滚动。

（3）滚动过程中如遇疼痛部位，应在疼痛部位持续滚动，直至疼痛减轻或基本消失。

注意事项：练习前选择合适硬度的泡沫轴，滚动过程中用力要适度，避免受伤，保持正常呼吸，不能憋气。

图5-22　足底肌群松解

第六章　标志桶训练

一、标志桶简介

标志桶是训练速度、灵敏、反应能力非常有效的工具，在对移动能力要求较高的项目训练中（如足球和篮球）应用非常广泛。设计各种不同的阵型，让受训者按照要求完成，可以极大提升受训者的移动能力。在私教课程中，标志桶训练可以增加训练的趣味性。受训者在跑动练习中会极大提升代谢水平，消耗热量，达到减少脂肪的目的。

二、标志桶训练的价值

（一）提高多方向移动能力

在运动过程中，除了直线移动外，各个方向的移动能力都很重要。标志桶训练能够有效提高受训者多方向的移动能力，从而提高其在运动场上的表现。

（二）增强协调性和身体控制能力

协调性表现为人体完成动作时各个部分之间的配合能力。协调性好、身体控制能力强的人在运动时动作经济高效，能够更好地发挥身体功能。标志桶训练能够显著增强身体的协调性和控制能力。

（三）增加训练的趣味性

利用标志桶设计各种阵型，可增加训练的趣味性，提高受训者的参与度，从而达到更好的训练效果。

三、标志桶训练的方法

（一）直线跑动

1.两点折返跑（图6–1）

训练目的：提高移动速度的能力。

动作要求：受训者听到“开始”口令后，迅速从A点跑向B点，左手触摸到B点后后退跑回A点。

注意事项：按照规定顺序和步法完成练习，每个折返点应跑到位，练习过程中保持正常呼吸，不要憋气。

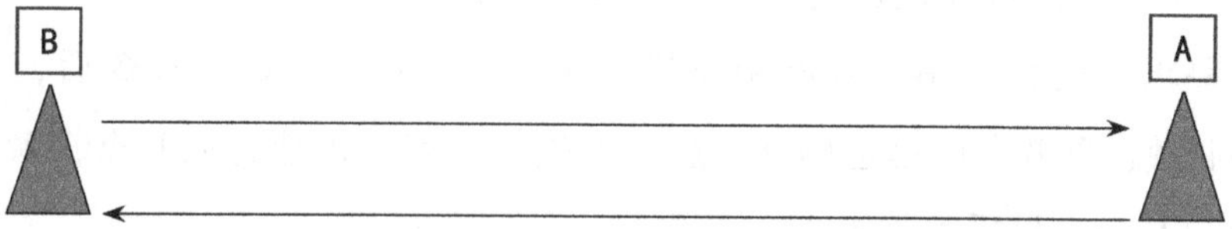

图6–1 两点折返跑

2. 5–10–5折返跑（图6–2）

训练目的：提高移动速度的能力和灵敏性。

动作要求：在平整的地面上按图摆好标志桶。受训者双腿跨站于A点，右手接触A点，听到“开始”口令后，迅速跑向B点，右手触及B点后全力加速冲向C点，左手触及C点后迅速跑回A点。

注意事项：按照规定顺序和步法完成练习，每个折返点应跑到位，练习过程中保持正常呼吸，不要憋气。

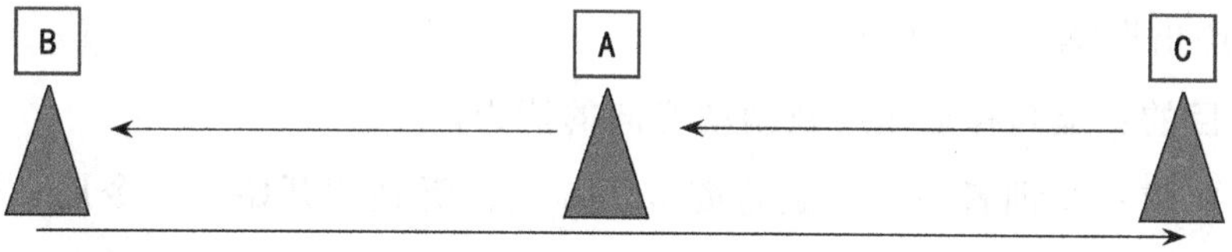

图6–2 5–10–5折返跑

3.多点折返跑一（图6–3）

训练目的：提高移动速度及制动变向的能力。

动作要求：受训者站立式起跑姿势于A点，听到“开始”口令后，迅速跑向B点，左手触摸到B点后迅速跑回A点，之后迅速跑向C点，触摸到C点后迅速跑回A点，最后跑向D点，触摸到D点后迅速跑回A点。

注意事项：按照规定顺序和步法完成练习，每个折返点应跑到位，练习过程中保持正常呼吸，不要憋气。可以根据需要调整标志桶个数。

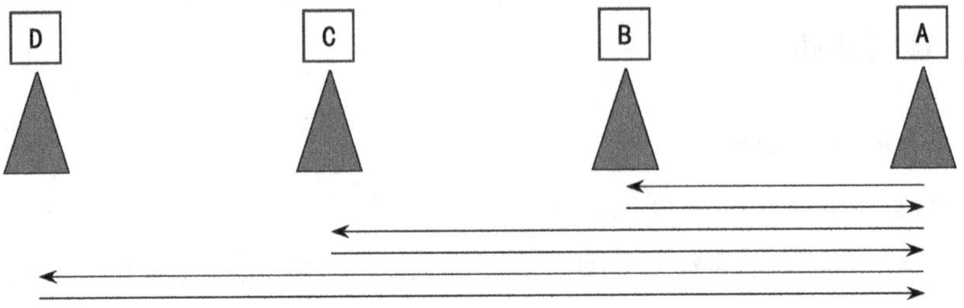

图6-3　多点折返跑一

4.多点折返跑二（图6-4）

训练目的：提高移动速度及制动变向的能力。

动作要求：受训者站立式起跑姿势于A点，听到“开始”口令后，迅速跑向B点，左手触摸到B点后迅速跑向C点，触摸到C点后迅速跑向D点，触摸到D点后迅速跑向E点，最后返回A点。

注意事项：按照规定顺序和步法完成练习，每个折返点应跑到位，练习过程中保持正常呼吸，不要憋气。可以根据需要调整标志桶个数。

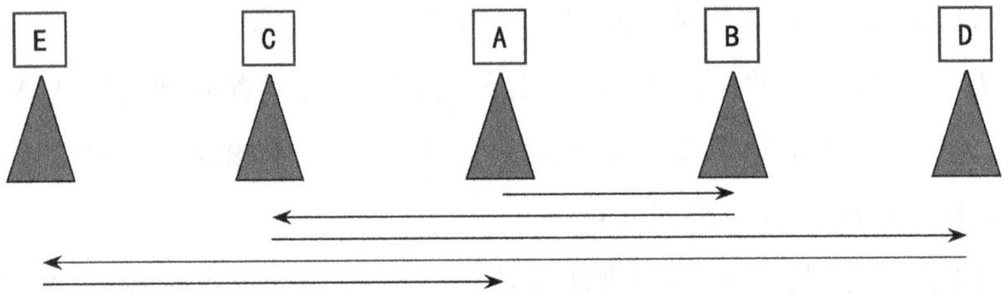

图6-4　多点折返跑二

5.多点折返跑三（图6-5）

训练目的：提高移动速度及制动变向的能力。

动作要求：受训者站立式起跑姿势于A点，听到“开始”口令后，迅速跑向B点，左手触摸到B点后迅速返回A点，触摸到A点后迅速跑向C点，触摸到C点后迅速返回A点，触摸到A点后再次跑向B点，最后返回A点。

注意事项：按照规定顺序和步法完成练习，每个折返点应跑到位，练习过程中保持正常呼吸，不要憋气。可以根据需要调整标志桶个数。

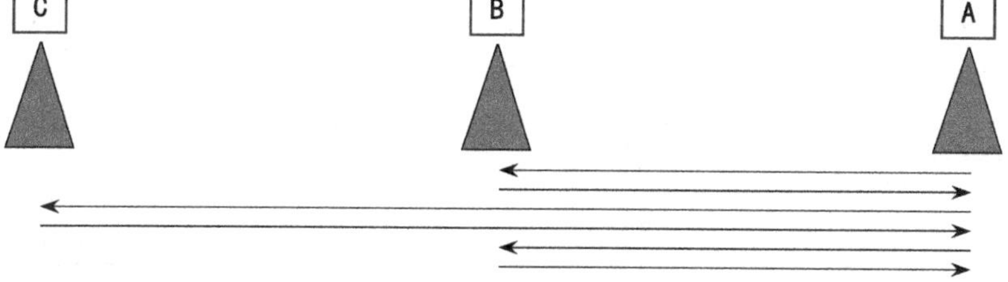

图6–5　多点折返跑三

6.多点折返跑四（图6–6）

训练目的：提高移动速度及制动变向的能力。

动作要求：受训者站立式起跑姿势于A点，听到“开始”口令后，迅速跑向B点，左手触摸到B点后迅速返回A点，触摸到A点后迅速跑向C点，触摸到C点后迅速返回B点，触摸到B点后跑向D点。

注意事项：按照规定顺序和步法完成练习，每个折返点应跑到位，练习过程中保持正常呼吸，不要憋气。可以根据需要调整标志桶个数。

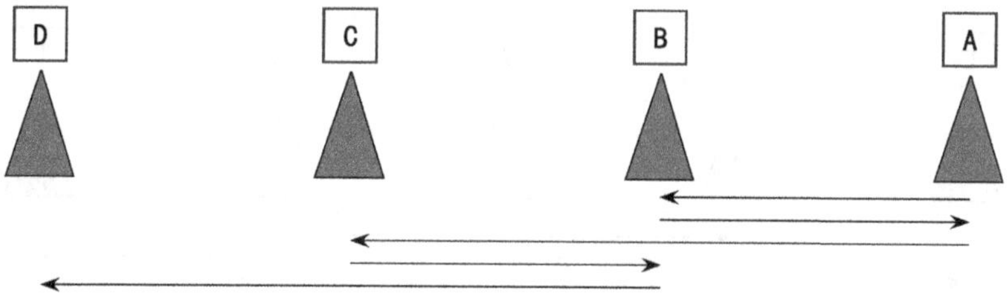

图6–6　多点折返跑四

7.多点侧滑步折返跑一（图6–7）

训练目的：提高侧向移动速度及制动变向的能力。

动作要求：受训者站立式起跑姿势于A点，听到“开始”口令后，迅速侧滑步跑向B点，左手触摸到B点后迅速侧滑步跑回A点，之后迅速跑向C点，触摸到C点后返回A点，最后跑向D点，触摸到D点后返回A点。

注意事项：按照规定顺序和步法完成练习，每个折返点应跑到位，练习过程中保持正常呼吸，不要憋气。可以根据需要调整标志桶个数。

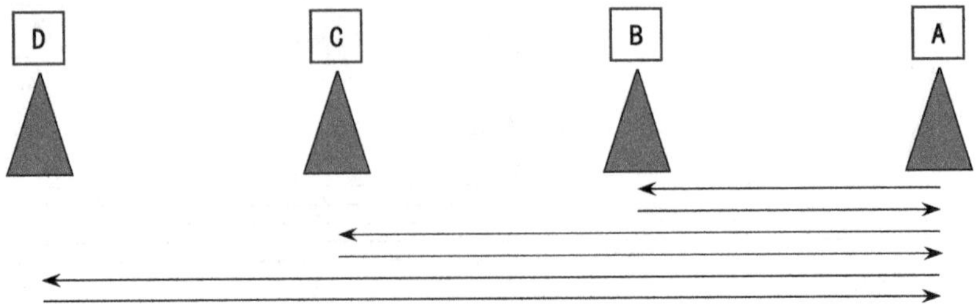

图6-7　多点侧滑步折返跑一

8.多点侧滑步折返跑二（图6-8）

训练目的：提高侧向移动速度及制动变向的能力。

动作要求：受训者站立式起跑姿势于A点，听到“开始”口令后，迅速侧滑步跑向B点，左手触摸到B点后迅速侧滑步跑向C点，触摸到C点后迅速侧滑步跑向D点，触摸到D点后迅速侧滑步跑向E点，最后返回A点。

注意事项：按照规定顺序和步法完成练习，每个折返点应跑到位，练习过程中保持正常呼吸，不要憋气。可以根据需要调整标志桶个数。

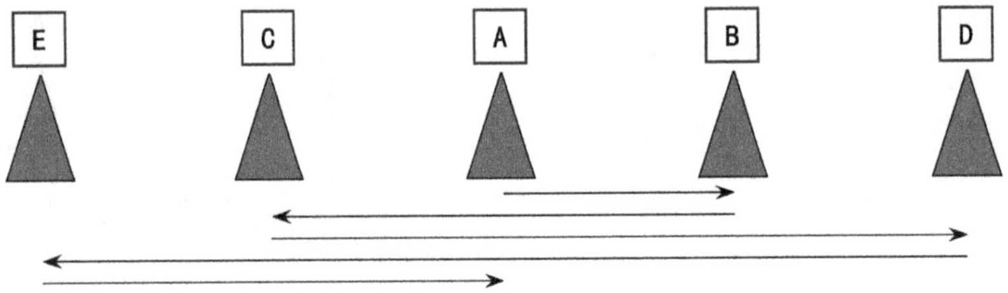

图6-8　多点侧滑步折返跑二

9.多点侧滑步折返跑三（图6-9）

训练目的：提高移动速度及制动变向的能力。

动作要求：受训者站立式起跑姿势于A点，听到“开始”口令后，迅速侧滑步跑向B点，左手触摸到B点后迅速返回A点，触摸到A点后迅速侧滑步跑向C点，触摸到C点后迅速返回A点，触摸到A点后再次侧滑步跑向B点，最后返回A点。

注意事项：按照规定顺序和步法完成练习，每个折返点应跑到位，练习过程中保持正常呼吸，不要憋气。可以根据需要调整标志桶个数。

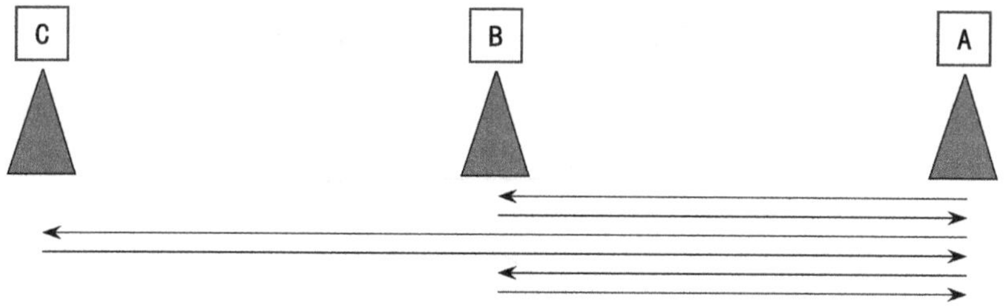

图6-9　多点侧滑步折返跑三

10.多点侧滑步折返跑四（图6-10）

训练目的：提高移动速度及制动变向的能力。

动作要求：受训者站立式起跑姿势于A点，听到“开始”口令后，迅速侧滑步跑向B点，左手触摸到B点后返回A点，触摸到A点后迅速侧滑步跑向C点，触摸到C点后返回B点，触摸到B点后再次侧滑步跑向D点。

注意事项：按照规定顺序和步法完成练习，每个折返点应跑到位，练习过程中保持正常呼吸，不要憋气。可以根据需要调整标志桶个数。

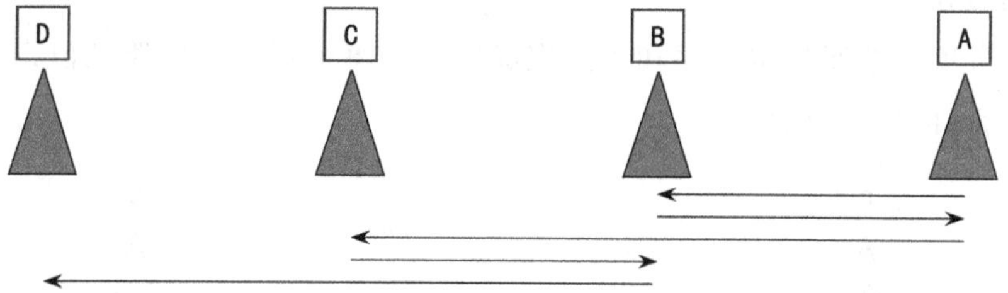

图6-10　多点侧滑步折返跑四

（二）多向跑动

1.“8”字踩点（图6-11）

训练目的：提高移动速度和制动变向的能力。

动作要求：在平整场地上画出“8”字图形，开始前，受训者站立于D点，听到口令后用滑步按DA—AB—BC—CD—DC—CB—BA—AD顺序移动。

注意事项：按照规定顺序和步法完成练习，每个折返点应跑到位，练习过程中保持正常呼吸，不要憋气。

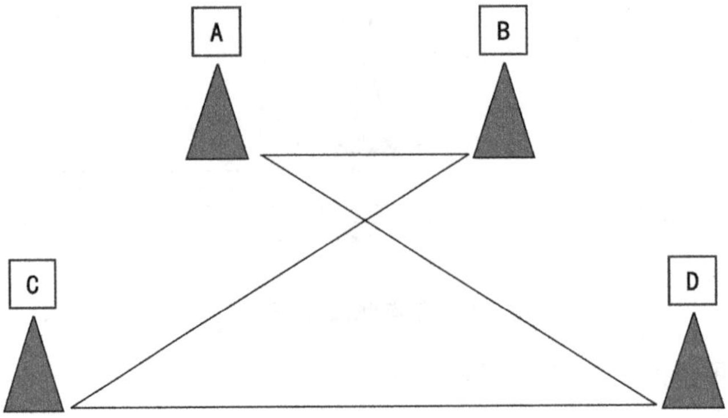

图6-11　“8”字踩点

2.“V”字形前进倒退跑（图6-12）

训练目的：提高移动速度和制动变向的能力。

动作要求：受训者站立式起跑姿势站立于A点，听到口令后，迅速跑向B点，用手触摸到B点标志桶后迅速后退跑回起点A，然后迅速跑向C点，最后迅速倒退跑回起点A。

注意事项：按照规定顺序和步法完成练习，每个折返点应跑到位，练习过程中保持正常呼吸，不要憋气。

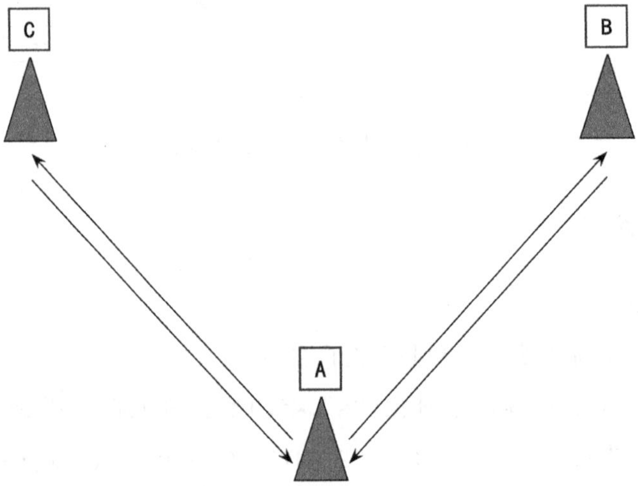

图6-12　“V”字形前进倒退跑

3.“T”字形跑（图6-13）

训练目的：提高移动速度和制动变向的能力。

动作要求：受训者站立式起跑姿势于A点，听到“开始”口令后，迅速跑向B点，左手触摸到B点后迅速向左侧滑步，左手触摸到C点后迅速向右侧滑步，右手触摸到D点后迅速向左侧滑步返回B点，左手触摸到B点后迅速后退返回A点。

注意事项：按照规定顺序和步法完成练习，每个折返点应跑到位，练习过程中保持正常呼吸，不要憋气。

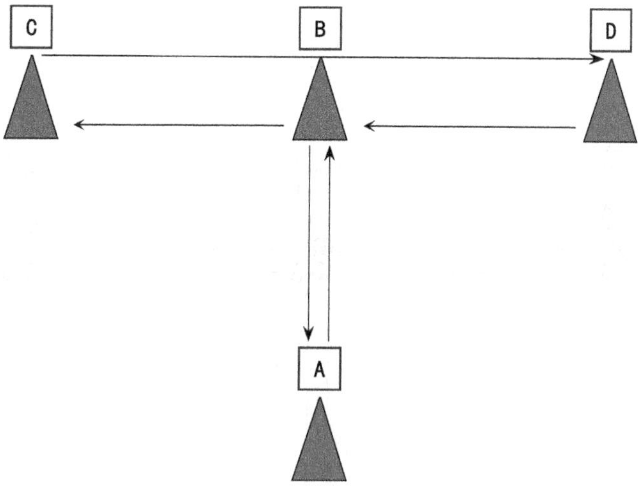

图6-13　“T”字形跑

4.“十”字形跑（图6-14）

训练目的：提高移动速度和制动变向的能力。

动作要求：受训者站立式起跑姿势于A点，听到“开始”口令后，迅速跑向B点，左手触摸到B点后迅速跑回A点，之后依次分别跑向C、D、E点，最后返回A点。

注意事项：按照规定顺序和步法完成练习，每个折返点应跑到位，练习过程中保持正常呼吸，不要憋气。

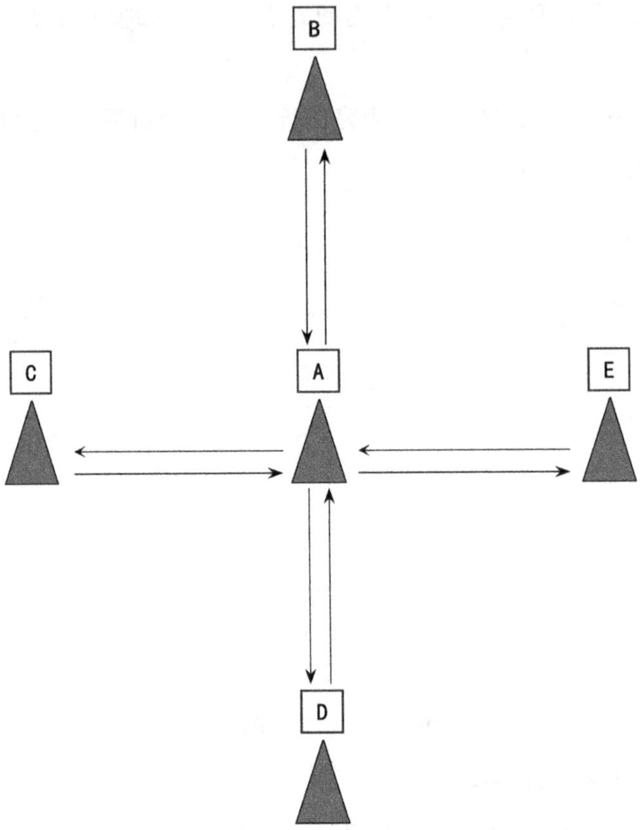

图6-14　“十”字形跑

5.“十”字形侧滑步跑（图6-15）

训练目的：提高侧向移动速度和制动变向的能力。

动作要求：受训者站立式起跑姿势于A点，听到“开始”口令后，迅速侧滑步跑向B点，左手触摸到B点后迅速侧滑步跑回A点，之后依次分别跑向C、D、E点，最后返回A点。

注意事项：按照规定顺序和步法完成练习，每个折返点应跑到位，练习过程中保持正常呼吸，不要憋气。

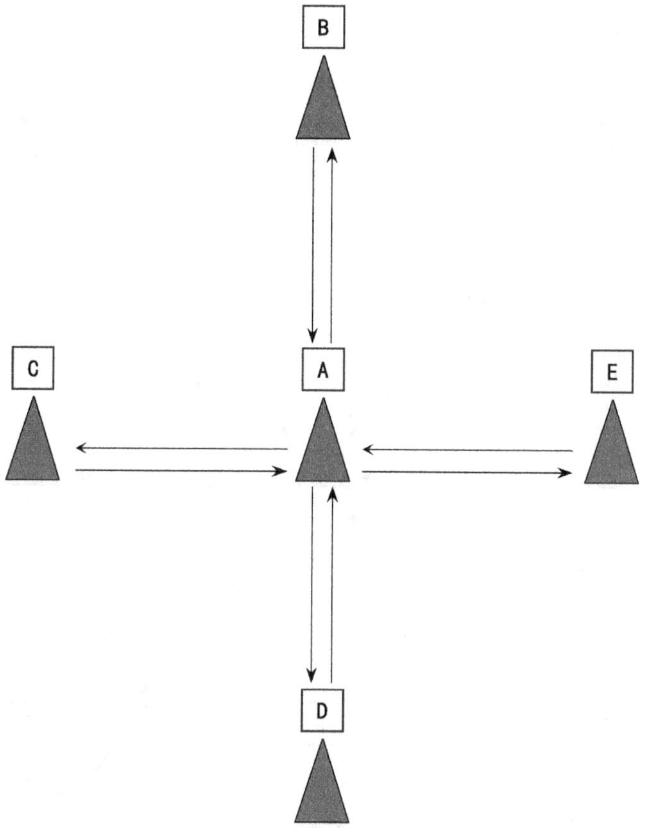

图6-15　“十”字形侧滑步跑

6.“米”字形跑（图6-16）

训练目的：提高移动速度和制动变向的能力。

动作要求：受训者站立式起跑姿势于A点，听到“开始”口令后，迅速跑向B点，左手触摸到B点后迅速跑回A点，之后依次分别跑向C、D、E、F、G、H、I点，最后返回A点。

注意事项：按照规定顺序和步法完成练习，每个折返点应跑到位，练习过程中保持正常呼吸，不要憋气。

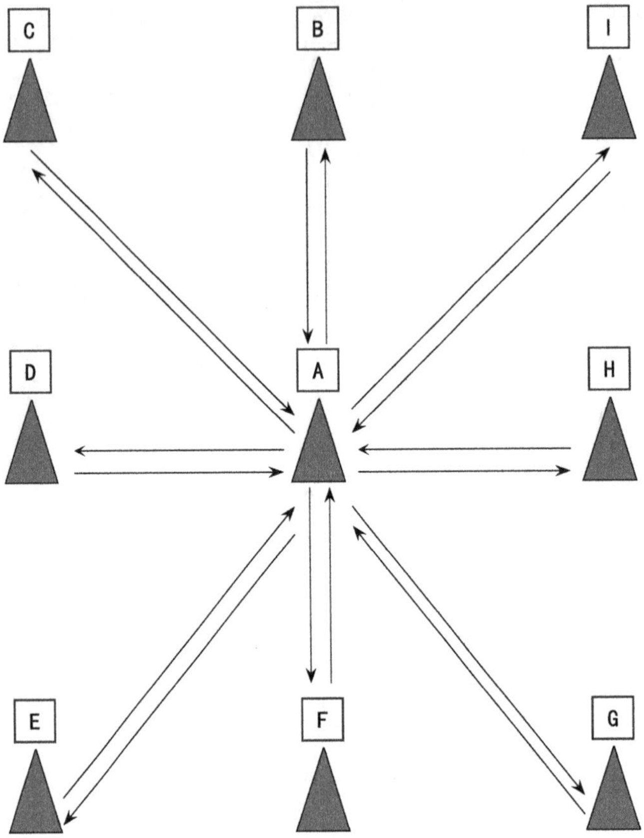

图6-16 “米”字形跑

7.“米”字形侧滑步跑（图6-17）

训练目的：提高侧向移动速度和制动变向的能力。

动作要求：受训者站立式起跑姿势于A点，听到“开始”口令后，迅速侧滑步跑向B点，左手触摸到B点后迅速侧滑步跑回A点，之后依次分别跑向C、D、E、F、G、H、I点，最后返回A点。

注意事项：按照规定顺序和步法完成练习，每个折返点应跑到位，练习过程中保持正常呼吸，不要憋气。

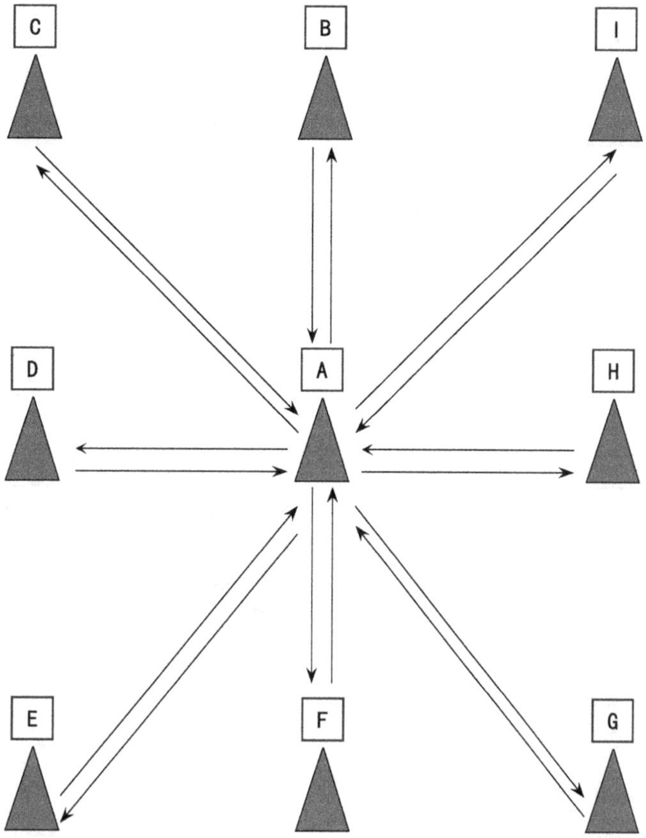

图6-17 “米”字形侧滑步跑

8.“Z”字形跑（图6-18）

训练目的：提高移动速度及制动变向的能力。

动作要求：受训者站立式起跑姿势于A点，听到“开始”口令后，迅速侧滑步跑向B点，左手触摸到B点后冲刺跑向C点，触摸到C点后侧滑步跑向D点，触摸到D点后冲刺跑向E点，触摸到E点后侧滑步跑向F点，触摸到F点后后退跑回A点。

注意事项：按照规定顺序和步法完成练习，每个折返点应跑到位，练习过程中保持正常呼吸，不要憋气。可以根据需要调整标志桶个数。

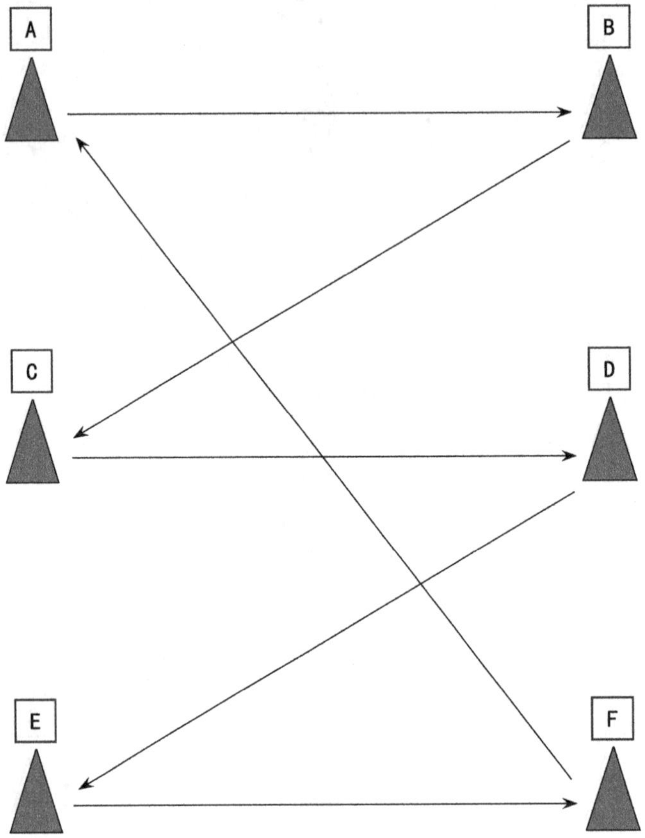

图6-18 “Z”字形跑

9.“Z”字形后退跑（图6-19）

训练目的：提高移动速度及制动变向的能力。

动作要求：受训者站立式起跑姿势于A点，听到“开始”口令后，迅速侧滑步跑向B点，左手触摸到B点后后退跑向C点，触摸到C点后侧滑步跑向D点，触摸到D点后后退跑向E点，触摸到E点后侧滑步跑向F点，触摸到F点后冲刺跑回A点。

注意事项：按照规定顺序和步法完成练习，每个折返点应跑到位，练习过程中保持正常呼吸，不要憋气。可以根据需要调整标志桶个数。

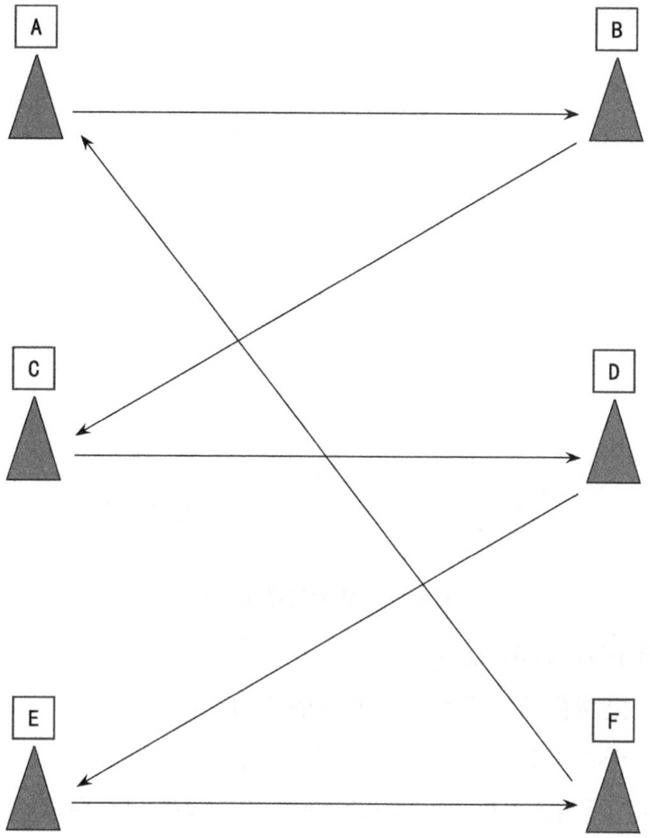

图6-19 “Z”字形后退跑

10.伊利诺斯灵敏跑（图6-20）

训练目的：提高移动速度及制动变向的能力。

动作要求：将8个标志桶放在一个平整场地上，四个角落分别放置四个标志桶，然后在测试中线上每隔3.3米放置一个标志桶。当受训者听到“开始”口令后，以最快速度按照图中所示路线跑完全程，练习过程中不能触碰标志桶。

注意事项：按照规定顺序和步法完成练习，每个折返点应跑到位，练习过程中保持正常呼吸，不要憋气。

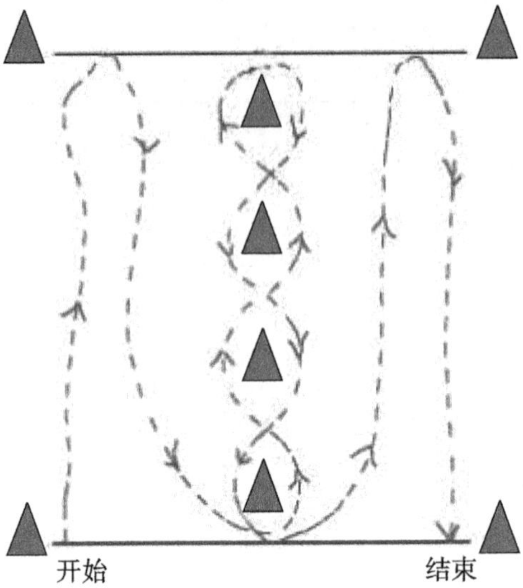

图6-20 伊利诺斯灵敏跑

11.“口”字形跑（图6-21）

训练目的：提高移动速度及制动变向的能力。

动作要求：受训者站立式起跑姿势于A点，听到“开始”口令后，迅速侧滑步跑向B点，左手触摸到B点后后退跑向C点，触摸到C点后侧滑步跑向D点，触摸到D点后冲刺跑回A点。

注意事项：按照规定顺序和步法完成练习，每个折返点应跑到位，练习过程中保持正常呼吸，不要憋气。

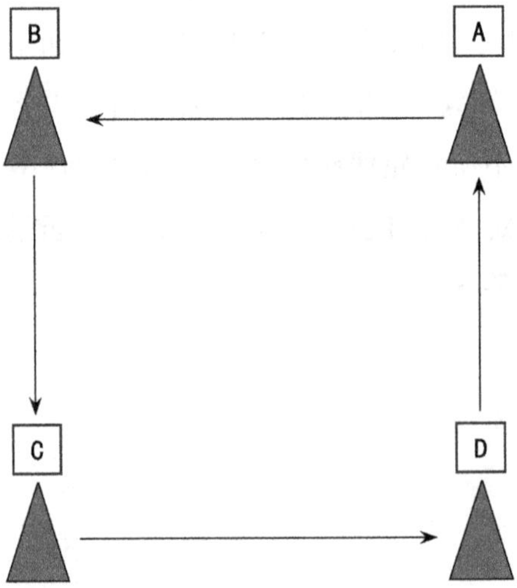

图6-21 “口”字形跑

12.三角形跑（图6-22）

训练目的：提高移动速度及制动变向的能力。

动作要求：受训者站立式起跑姿势于A点，听到“开始”口令后，迅速侧滑步跑向B点，左手触摸到B点后后退跑向C点，触摸到C点后冲刺跑回A点。

注意事项：按照规定顺序和步法完成练习，每个折返点应跑到位，练习过程中保持正常呼吸，不要憋气。

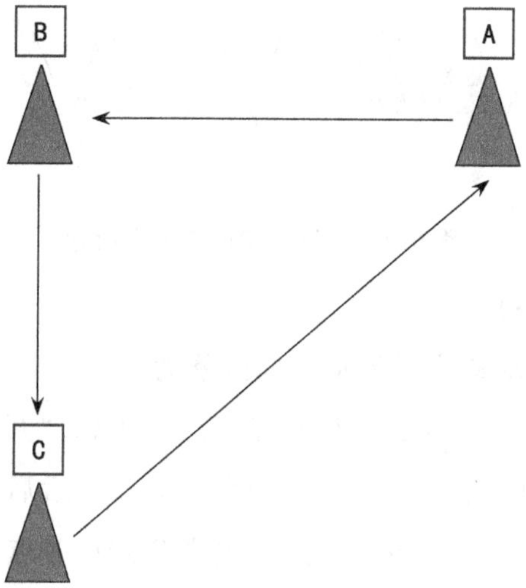

图6-22　三角形跑

13.两点“8”字形环绕跑（图6-23）

训练目的：提高移动速度及制动变向的能力。

动作要求：受训者站立式起跑姿势于一点，听到“开始”口令后，沿图示路线完成“8”字形环绕跑。

注意事项：按照规定顺序和步法完成练习，每个折返点应跑到位，练习过程中保持正常呼吸，不要憋气。

图6-23　两点“8”字形环绕跑

14.“Z”字形绕障碍物跑（图6-24）

训练目的：提高移动速度及制动变向的能力。

动作要求：受训者站立式起跑姿势于起点，听到“开始”口令后，沿图示路线完成“Z”字形绕障碍物跑。

注意事项：按照规定顺序和步法完成练习，每个折返点应跑到位，练习过程中保持正常呼吸，不要憋气。可以根据需要调整标志桶数量。

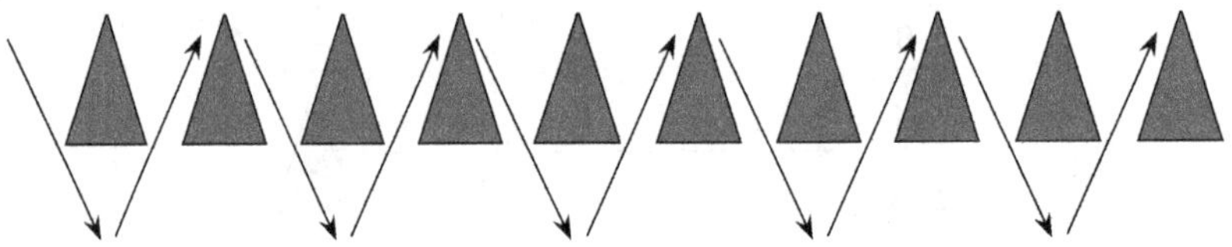

图6-24 “Z”字形绕障碍物跑

15.多边跑（图6-25）

训练目的：提高移动速度及制动变向的能力。

动作要求：受训者站立式起跑姿势于A点，听到“开始”口令后，跑向E点之后后退返回A点，侧滑步跑向D点，再跑向E点之后后退返回D点，侧滑步跑向C点，再跑向E点之后后退返回C点，侧滑步跑向B点，再跑向E点之后后退返回B点，最后侧滑步返回A点。

注意事项：按照规定顺序和步法完成练习，每个折返点应跑到位，练习过程中保持正常呼吸，不要憋气。

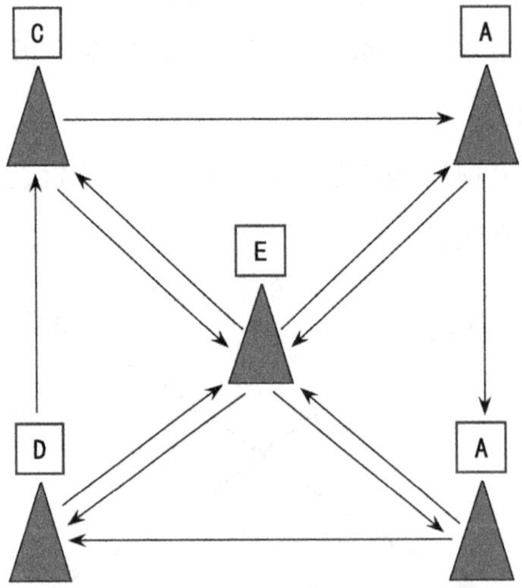

图6-25 多边跑

16.波浪形跑（图6-26）

训练目的：提高移动速度及制动变向的能力。

动作要求：受训者站立式起跑姿势于A点，听到“开始”口令后，跑向B点之后绕过外侧标志物跑向C点，按照图中所示路线完成跑动，最后跑向G点。

注意事项：按照规定顺序和步法完成练习，每个折返点应跑到位，练习过程中保持正常呼吸，不要憋气。可以根据需要调整标志桶数量。

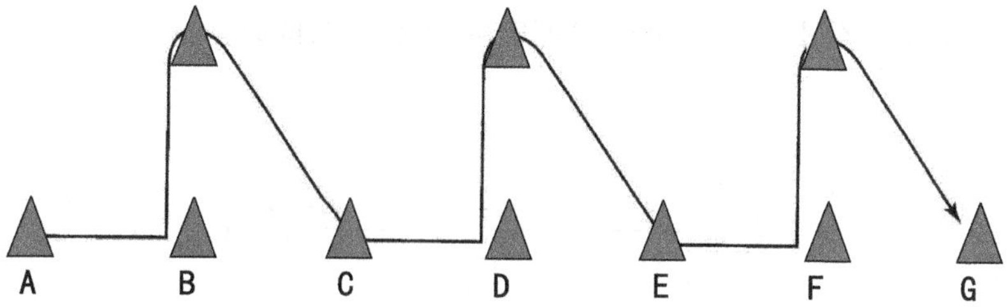

图6-26　波浪形跑

17.金字塔形跑（图6-27）

训练目的：提高移动速度及制动变向的能力。

动作要求：受训者站立式起跑姿势于A点，听到“开始”口令后，跑向B点后侧滑步跑向C点，再侧滑步返回B点，之后跑向D点，后退跑向C点，侧滑步跑向B点再侧滑步返回C点，最后后退跑向E点。

注意事项：按照规定顺序和步法完成练习，每个折返点应跑到位，练习过程中保持正常呼吸，不要憋气。可以根据需要调整标志桶数量。

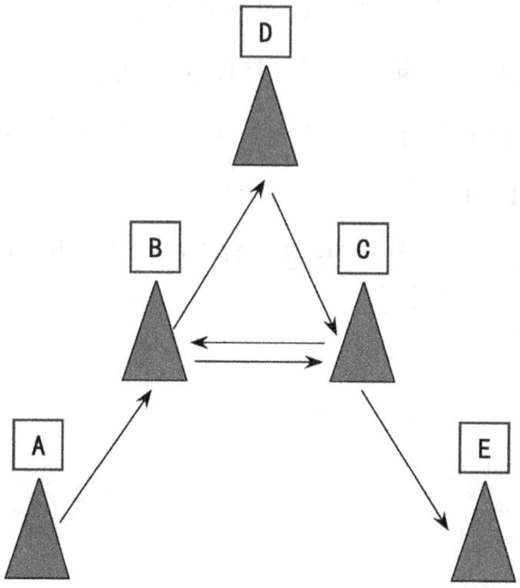

图6-27　金字塔形跑

18.“E”形跑（图6-28）

训练目的：提高移动速度及制动变向的能力。

动作要求：受训者站立式起跑姿势于A点，听到“开始”口令后，侧滑步跑向B点，之后跑向C点，侧滑步跑向D点再侧滑步返回C点，之后跑向E点，侧滑步跑向F点再侧滑步返回E点，之后后退跑回B点，最后侧滑步返回A点。

注意事项：按照规定顺序和步法完成练习，每个折返点应跑到位，练习过程中保持正常呼吸，不要憋气。可以根据需要调整标志桶数量。

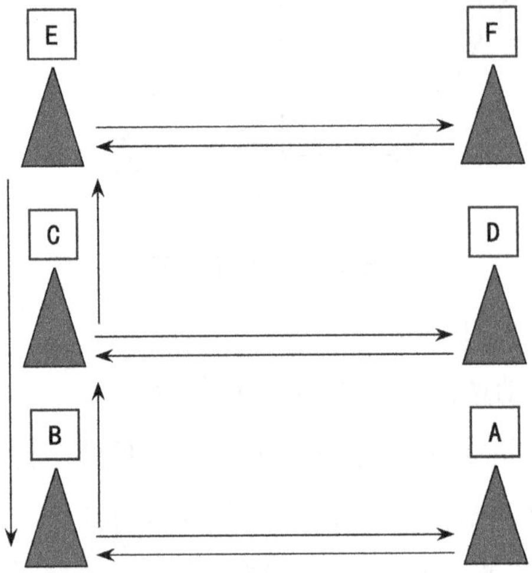

图6-28 “E”形跑

19.“H”形跑（图6-29）

训练目的：提高移动速度及制动变向的能力。

动作要求：受训者站立式起跑姿势于B点，听到“开始”口令后侧滑步跑向C点，之后跑向E点，后退跑向F点再返回C点，之后侧滑步返回B点，再跑向D点，最后后退经过B点退回A点。

注意事项：按照规定顺序和步法完成练习，每个折返点应跑到位，练习过程中保持正常呼吸，不要憋气。

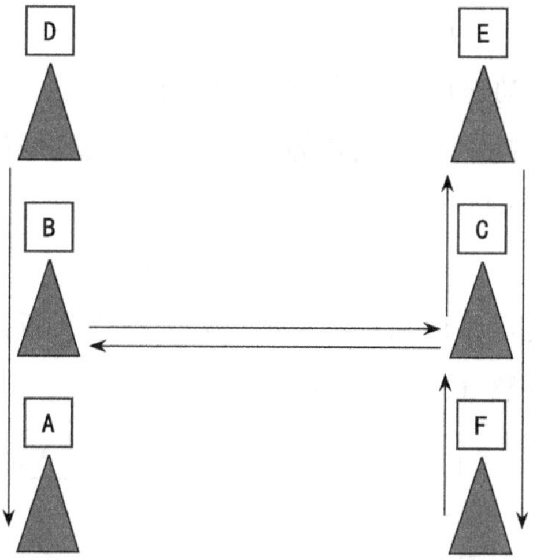

图6-29　“H”形跑

20.“M”形跑（图6-30）

训练目的：提高移动速度及制动变向的能力。

动作要求：受训者站立式起跑姿势于A点，听到“开始”口令后，迅速侧滑步跑向B点，左手触摸到B点后跑向E点，触摸到E点后跑向C点，触摸到C点后侧滑步跑向D点，触摸到D点后后退跑向E点，触摸到E点后后退返回A点。

注意事项：按照规定顺序和步法完成练习，每个折返点应跑到位，练习过程中保持正常呼吸，不要憋气。

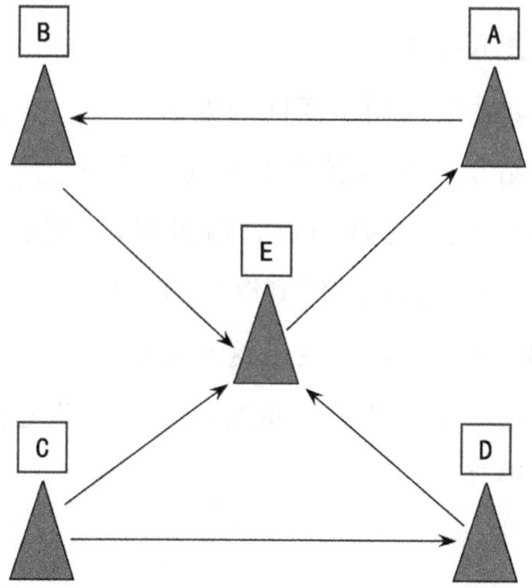

图6-30　“M”形跑

21.“L”形跑（图6-31）

训练目的：提高移动速度及制动变向的能力。

动作要求：受训者站立式起跑姿势于A点，听到“开始”口令后，迅速侧滑步跑向B点，左手触摸到B点后后退跑向C点，触摸到C点后跑回B点，最后侧滑步返回A点。

注意事项：按照规定顺序和步法完成练习，每个折返点应跑到位，练习过程中保持正常呼吸，不要憋气。

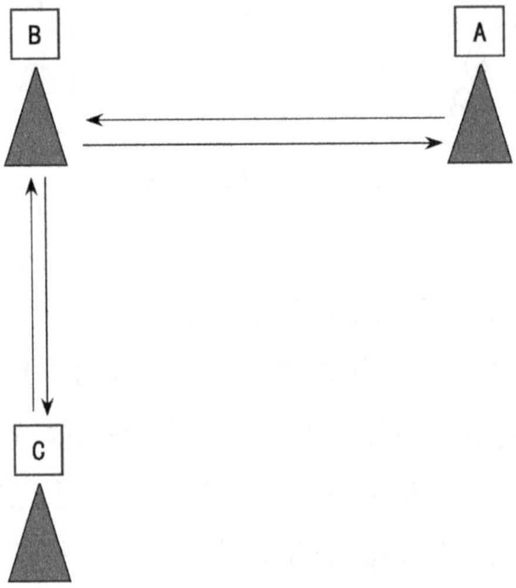

图6-31　“L”形跑

22.“田”字形跑（图6-32）

训练目的：提高移动速度及制动变向的能力。

动作要求：受训者站立式起跑姿势于A点，听到“开始”口令后，迅速侧滑步跑向B点，左手触摸到B点后跑向I点，触摸到I点后后退跑回B点，侧滑步跑向C点后迅速跑向D点，触摸到D点后侧滑步跑向I点，之后侧滑步返回D点。按图示顺序依次跑向E、F、G、H点，最后返回A点。

注意事项：按照规定顺序和步法完成练习，每个折返点应跑到位，练习过程中保持正常呼吸，不要憋气。

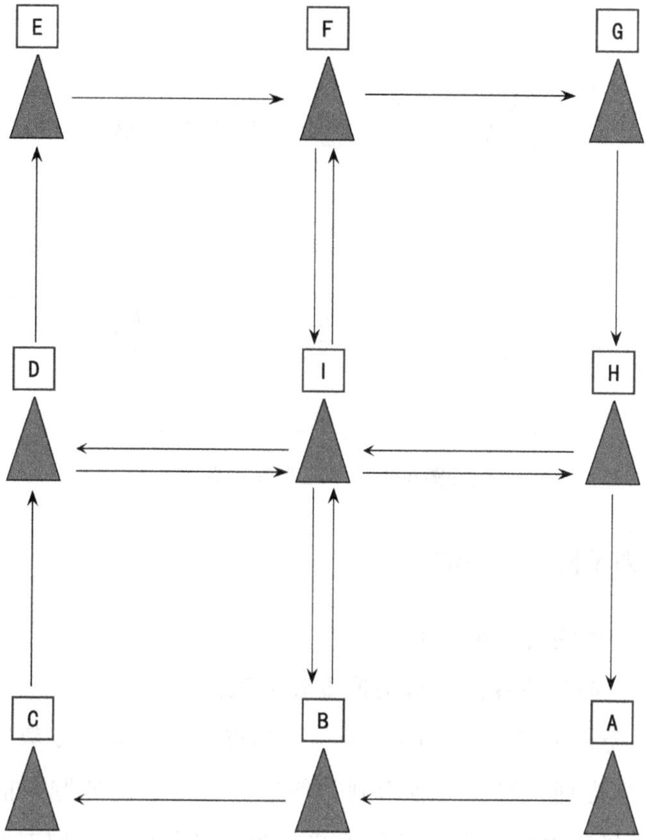

图6-32　“田”字形跑

23.“工”字形跑（图6-33）

训练目的：提高移动速度及制动变向的能力。

动作要求：受训者站立式起跑姿势于A点，听到“开始”口令后，迅速侧滑步跑向B点，左手触摸到B点后侧滑步跑向C点，触摸到C点后侧滑步跑回B点，之后迅速跑向E点，触摸到E点后侧滑步跑向D点，触摸到D点后侧滑步跑回E点，之后侧滑步跑向F点，触摸到F点后侧滑步跑回E点，之后后退跑向B点，最后侧滑步返回A点。

注意事项：按照规定顺序和步法完成练习，每个折返点应跑到位，练习过程中保持正常呼吸，不要憋气。

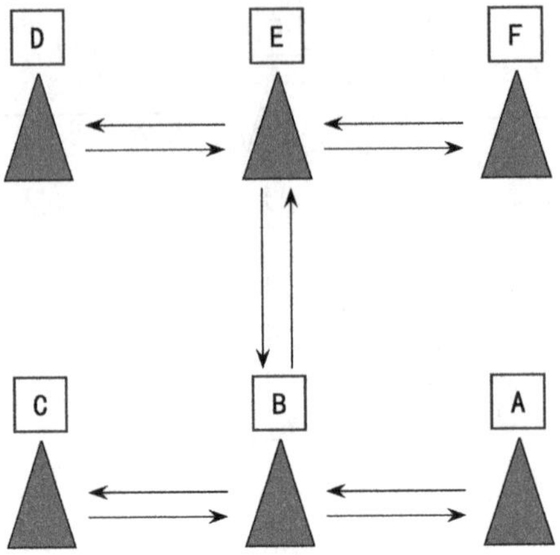

图6-33　“工”字形跑

（三）抗阻力及随机性跑动

1.抗阻力听口令跑（图6-34）

训练目的：提高反应速度、移动速度和灵敏性。

动作要求：受训者腰背佩戴阻力带，于起点处以小碎步姿势准备。前方半径5米处放有3个标志桶，当受训者听到“前进”口令后迅速跑向前方标志桶，用手触及标志桶后迅速返回起点。当听到“左侧”口令后，面向左侧标志桶侧滑步移动，当触及左侧标志桶后侧滑步迅速返回，右侧依次类推完成训练。

注意事项：按照口令完成练习，每个折返点应跑到位，练习过程中保持正常呼吸，不要憋气。可以根据需要调整标志桶的数量。

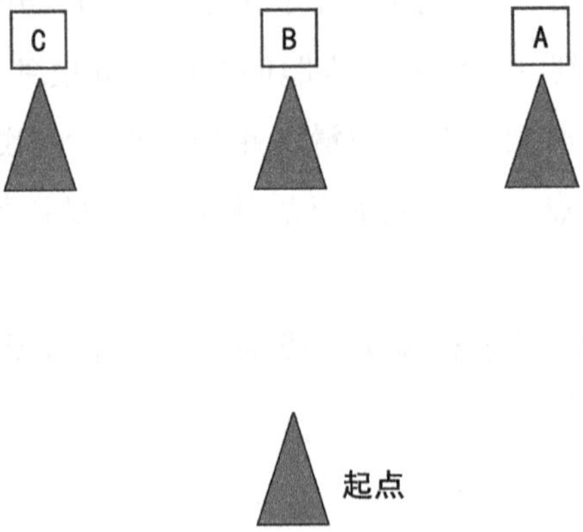

图6-34　抗阻力听口令跑

2.抗阻力“十”字形跑（图6-35）

训练目的：提高移动速度及制动变向的能力。

动作要求：受训者腰背佩戴阻力带站立式起跑姿势于A点，听到“开始”口令后，迅速跑向B点，左手触摸到B点后迅速跑回A点，之后依次分别跑向C、D、E点，最后返回A点。

注意事项：按照规定顺序和步法完成练习，每个折返点应跑到位，练习过程中保持正常呼吸，不要憋气。

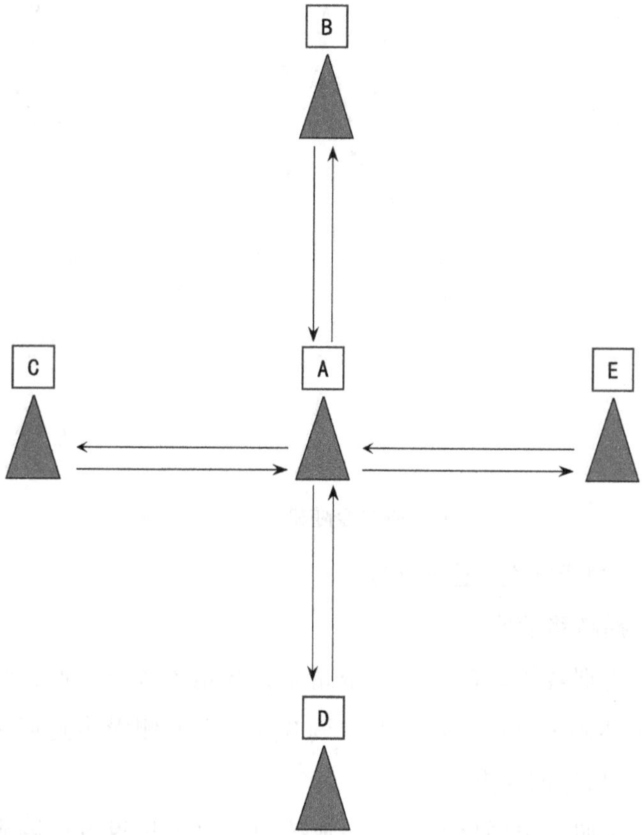

图6-35　抗阻力“十”字形跑

3.听口令随机“米”字形跑（图6-36）

训练目的：提高移动速度及灵敏反应的能力。

动作要求：受训者站立式起跑姿势于A点，听到口令后，随机跑向B、C、D、E、F、G、H、I中任意一点，之后返回A点。

注意事项：按照口令完成练习，每个折返点应跑到位，练习过程中保持正常呼吸，不要憋气。

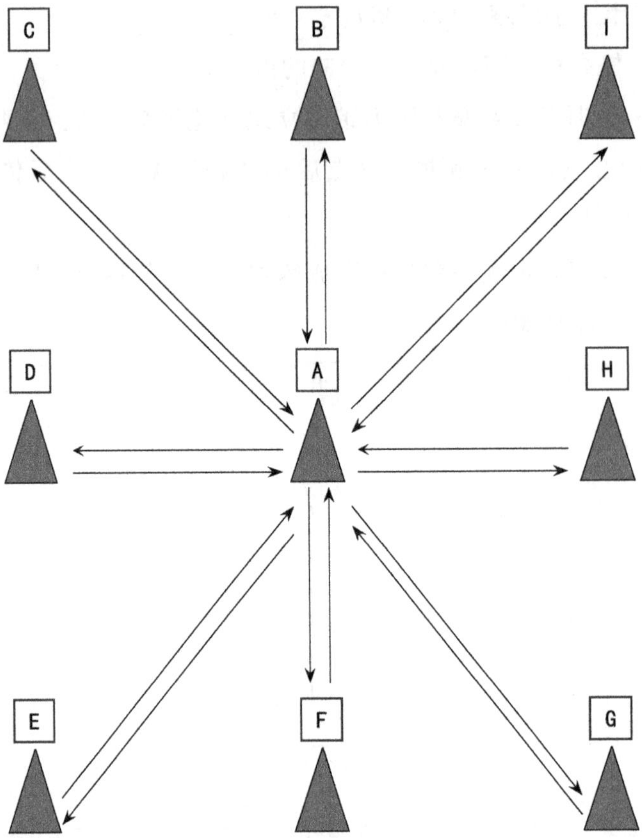

图6-36 听口令随机“米”字形跑

4.抗阻力3点侧滑步跑（图6-37）

训练目的：提高移动速度。

动作要求：受训者腰背佩戴阻力带站立式起跑姿势于A点，听到“开始”口令后，迅速侧滑步跑向B点，左手触摸到B点后迅速侧滑步跑回A点，之后分别跑向C、D点，最后返回A点。

注意事项：按照规定顺序和步法完成练习，每个折返点应跑到位，练习过程中保持正常呼吸，不要憋气。可以根据需要调整标志桶数量。

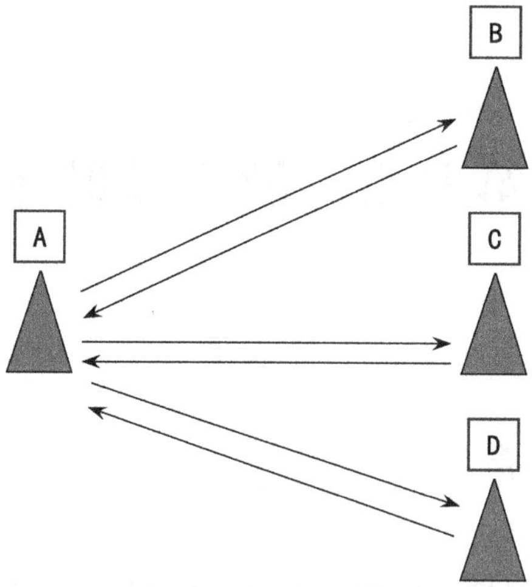

图6-37　抗阻力3点侧滑步跑

5.抗阻力多点折返跑（图6-38）

训练目的：提高移动速度及制动变向的能力。

动作要求：受训者腰背佩戴阻力带站立式起跑姿势于A点，听到“开始”口令后，迅速跑向B点，左手触摸到B点后后退跑回A点，之后迅速跑向C点后后退返回A点，最后跑向D点后后退返回A点。

注意事项：按照规定顺序和步法完成练习，每个折返点应跑到位，练习过程中保持正常呼吸，不要憋气。可以根据需要调整标志桶个数。

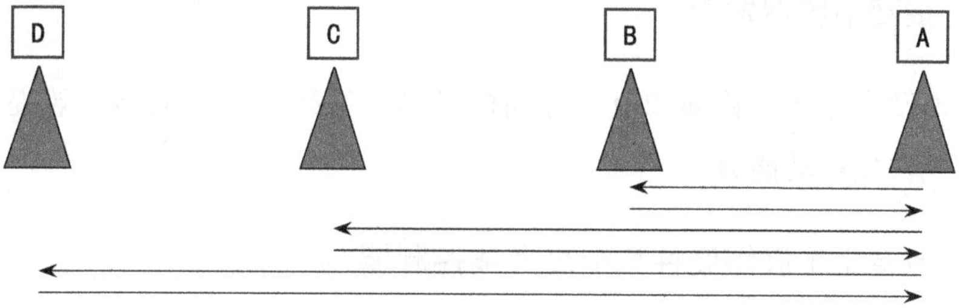

图6-38　抗阻力多点折返跑

第七章　敏捷梯训练

一、敏捷梯简介

敏捷梯，又被称作绳梯，是19世纪中期欧洲国家为士兵体能训练而设计出的一种器械。20世纪末，敏捷梯从国外引入国内体育领域。敏捷梯以步法训练为主，其训练方法新颖、趣味性强、种类繁多、动作难度层次分明。无论是在竞技体育、学校体育还是大众健身领域，敏捷梯训练都值得广泛推广，特别是在发展和改善青少年身体素质方面具有很高的应用价值。

二、敏捷梯训练的价值

（一）提高下肢爆发力

下肢爆发力是快速移动和改变方向的基础。敏捷梯训练能够有效提高下肢爆发力，增强快速移动能力。

（二）改善上下肢协调性和提高身体控制能力

敏捷梯训练能够有效改善上下肢协调性，提高身体控制能力。

（三）提高脚步灵活性

脚步灵活性表现为神经系统的调节、本体感觉的反馈和各个肌群之间的协调配合。敏捷梯训练能够有效增强以上能力，提高脚步灵活性。

三、敏捷梯训练的方法

（一）下肢步法灵敏性练习

1.小步跑（图7–1）

训练目的：提高移动时的动作速度及灵敏协调性。

动作要求：正对敏捷梯站立，膝关节微屈，上体略前倾，前脚掌着地，按照图示顺序，一步一格快速向前跑进，上肢配合前后摆动。

注意事项：按照规定的步法上下肢协调配合完成练习，尽可能减少脚掌与地面接触的时间，落地轻盈有弹性，控制动作节奏，避免踩到敏捷梯。练习过程中保持正常呼吸，不要憋气。

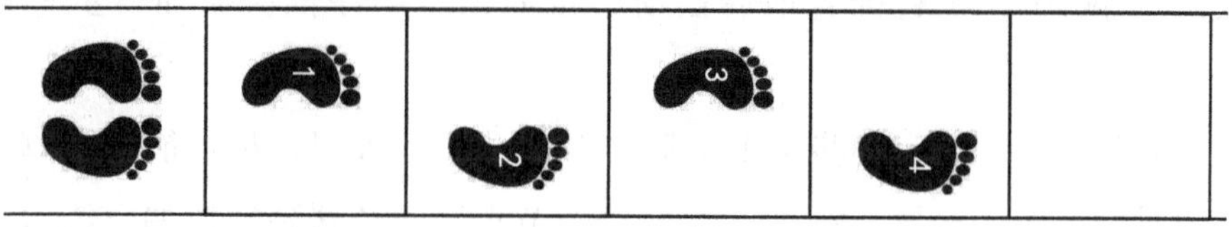

图7–1　小步跑

2.侧向小步跑（图7–2）

训练目的：提高侧向移动时的动作速度和灵敏协调性。

动作要求：侧对敏捷梯站立，上体稍前倾，前脚掌着地，按照图示顺序，快速平行前移，手臂配合前后摆动，换另一侧方向完成练习。

注意事项：按照规定的步法上下肢协调配合完成练习，尽可能减少脚掌与地面接触的时间，落地轻盈有弹性，控制动作节奏，避免踩到敏捷梯。练习过程中保持正常呼吸，不要憋气。

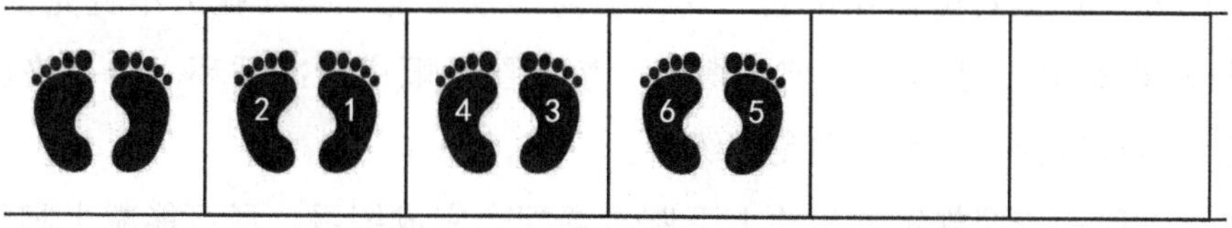

图7–2　侧向小步跑

3.急停垫步跑（图7–3）

训练目的：提高动作急停加速的能力及灵敏协调性。

动作要求：正对敏捷梯站立，向前跑进两个格子（一步一格）后第三个格子垫步两次，手臂配合前后摆动，按照图示顺序依次循环向前移动。

注意事项：按照规定的步法上下肢协调配合完成练习，尽可能减少脚掌与地面接触的时间，落地轻盈有弹性，控制动作节奏，避免踩到敏捷梯。练习过程中保持正常呼吸，不要憋气。

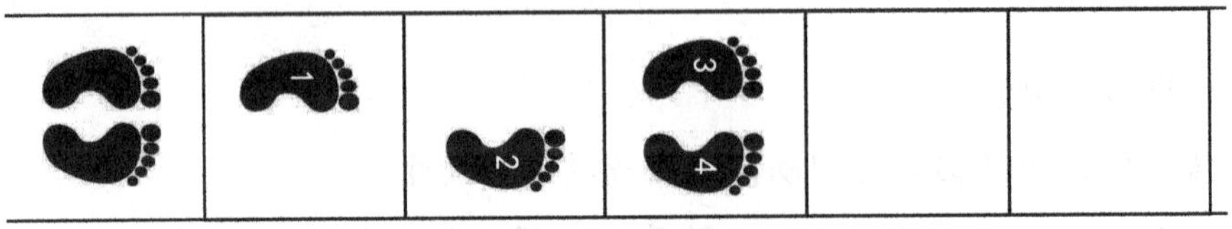

图7-3　急停垫步跑

4.高抬腿（图7-4）

训练目的：提高动作灵敏协调性及大腿屈伸肌群力量。

动作要求：正对敏捷梯站立，支撑腿前脚掌着地，摆动腿大小腿充分折叠，高抬大腿屈髋90°，手臂配合前后摆动，按照图示顺序依次循环一步一格向前跑进。

注意事项：按照规定的步法上下肢协调配合完成练习，尽可能减少脚掌与地面接触的时间，落地轻盈有弹性，控制动作节奏，避免踩到敏捷梯。练习过程中保持正常呼吸，不要憋气。

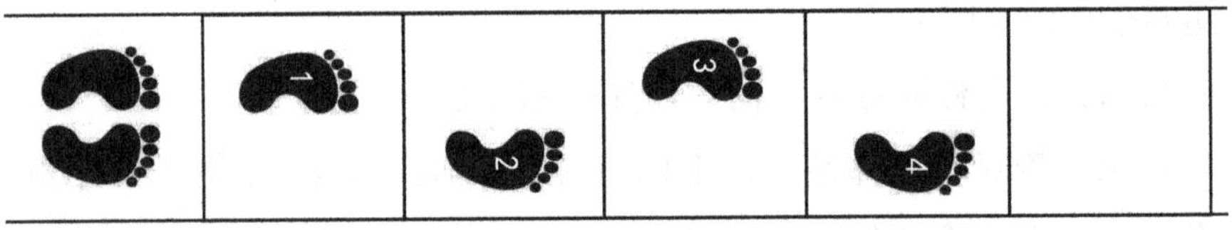

图7-4　高抬腿

5.侧向高抬腿（图7-5）

训练目的：提高侧向移动动作速度及灵敏协调性。

动作要求：侧对敏捷梯站立，支撑腿前脚掌着地，摆动腿大小腿充分折叠，高抬大腿屈髋90°，手臂配合前后摆动，按照图示顺序依次循环一步一格侧向跑动。跑动结束后换另一侧方向完成练习。

注意事项：按照规定的步法上下肢协调配合完成练习，尽可能减少脚掌与地面接触的时间，落地轻盈有弹性，控制动作节奏，避免踩到敏捷梯。练习过程中保持正常呼吸，不要憋气。

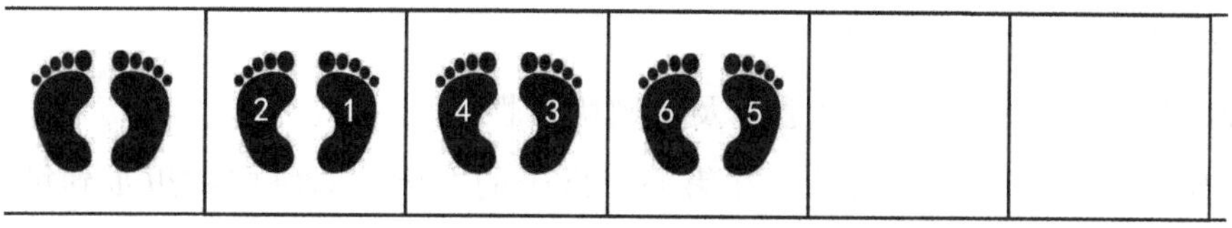

图7-5　侧向高抬腿

6. 垫步高抬腿（图7-6）

训练目的：提高动作速度、节奏感及灵敏协调性。

动作要求：正对敏捷梯站立，摆动腿高抬使大小腿充分折叠，同时支撑腿垫步，摆动腿下压到第二个格子，左、右腿交替循环高抬向前移动，手臂配合前后摆动。

注意事项：按照规定的步法上下肢协调配合完成练习，尽可能减少脚掌与地面接触的时间，落地轻盈有弹性，控制动作节奏，避免踩到敏捷梯。练习过程中保持正常呼吸，不要憋气。

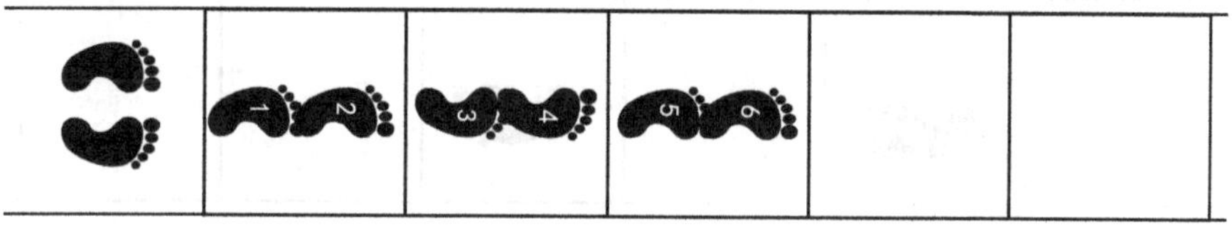

图7-6　垫步高抬腿

7. 侧向高抬腿前交叉（图7-7）

训练目的：提高动作速度、节奏感及灵敏协调性。

动作要求：侧对敏捷梯站立，摆动腿高抬同时前交叉并积极下压，触地瞬间支撑腿从边框外跟进前移，手臂配合自然前后摆动，按图示顺序依次循环侧向移动，之后换异侧腿完成练习。

注意事项：按照规定的步法上下肢协调配合完成练习，尽可能减少脚掌与地面接触的时间，落地轻盈有弹性，控制动作节奏，避免踩到敏捷梯。练习过程中保持正常呼吸，不要憋气。

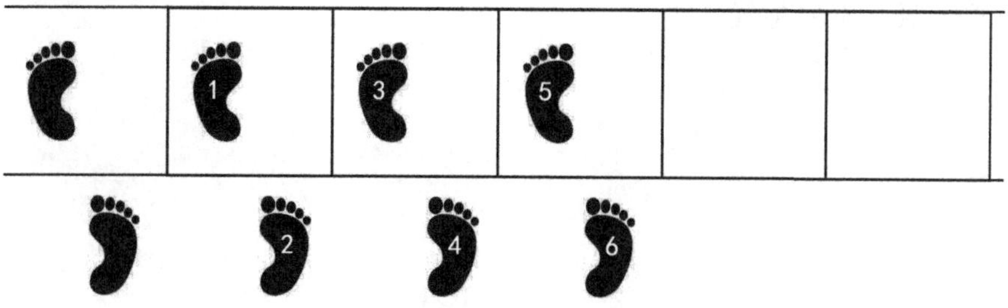

图7-7　侧向高抬腿前交叉

8.单脚侧跨前移（图7-8）

训练目的：提高变向起动速度及灵敏协调性。

动作要求：正对敏捷梯站立在第一个格子的左侧，右脚向右迈步到第一个格子内，触地瞬间，左脚抬起，左脚原地落下，右脚跟进；左脚向前迈步到第二个格子的框外，触地瞬间右脚迈步进入第二个格子，手臂配合前后摆动，按图示顺序依次循环前进。

注意事项：按照规定的步法上下肢协调配合完成练习，尽可能减少脚掌与地面接触的时间，落地轻盈有弹性，控制动作节奏，避免踩到敏捷梯。练习过程中保持正常呼吸，不要憋气。

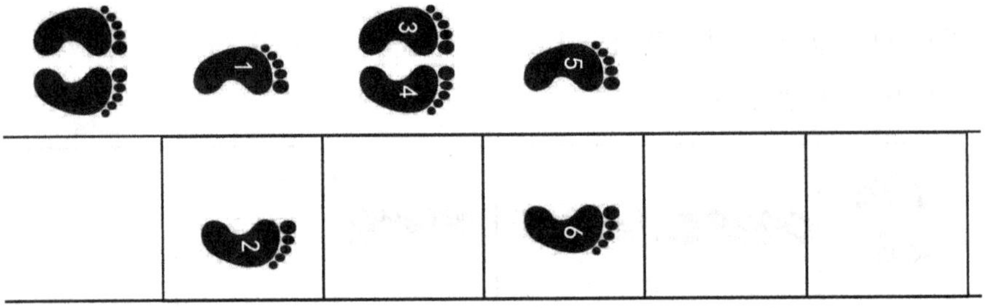

图7-8　单脚侧跨前移

9.弹力带单脚侧跨步（图7-9）

训练目的：提高变向起动速度及灵敏协调性。

动作要求：正对敏捷梯，将弹力带套在脚踝上，膝关节微屈，右脚向右迈步到第一个格子右边框外，触地瞬间左脚垫步，右脚退回到第一个格子内；左脚迈步进入第二个格子左边框外，触地瞬间右脚迈步进入第二个格子右边框外，手臂配合前后摆动，按图示顺序依次循环前进。

注意事项：按照规定的步法上下肢协调配合完成练习，尽可能减少脚掌与地面接触的时间，落地轻盈有弹性，控制动作节奏，避免踩到敏捷梯。练习过程中保持正常呼吸，不要憋气。

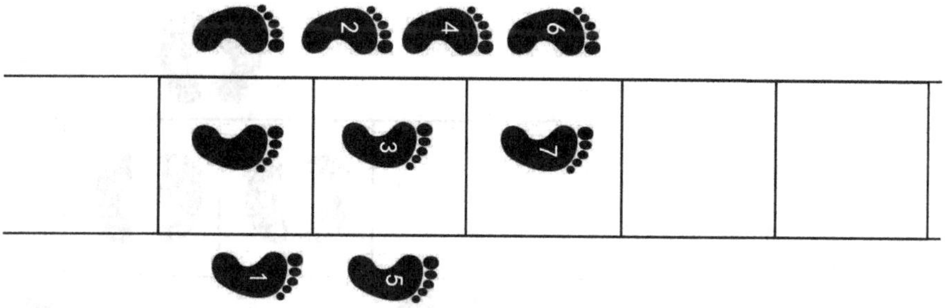

图7-9　弹力带单脚侧跨步

10.侧向进退步（图7-10）

训练目的：提高侧向移动速度及灵敏协调性。

动作要求：侧对敏捷梯站立，以右脚先行为例，右脚迈步进入第一个格子，左脚迅速跟进；右脚后退，左脚跟进，右脚开始迈步入第二个格子，按图示顺序依次循环侧向移动。

注意事项：按照规定的步法上下肢协调配合完成练习，尽可能减少脚掌与地面接触的时间，落地轻盈有弹性，控制动作节奏，避免踩到敏捷梯。练习过程中保持正常呼吸，不要憋气。

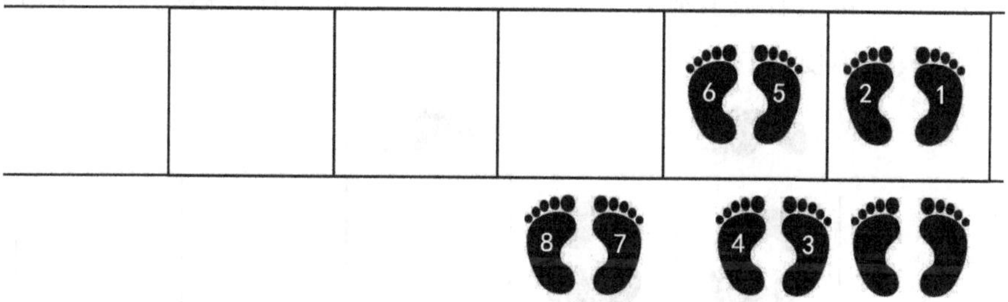

图7-10　侧向进退步

11.侧向“Z”字形进退步（图7-11）

训练目的：提高进退步法移动速度及灵敏协调性。

动作要求：侧对敏捷梯站立，以右脚先行为例，右脚迈步进入第一个格子，左脚跟进，右、左脚继续向前迈步，到第一个格子的上边框外，右、左脚依次后退进入第二个格子，继续后退到第二个格子下边框外，右脚迈步进入第三个格子，按图示顺序依次循环侧向移动。

注意事项：按照规定的步法上下肢协调配合完成练习，尽可能减少脚掌与地面接触的时间，落地轻盈有弹性，控制动作节奏，避免踩到敏捷梯。练习过程中保持正常呼吸，不要憋气。

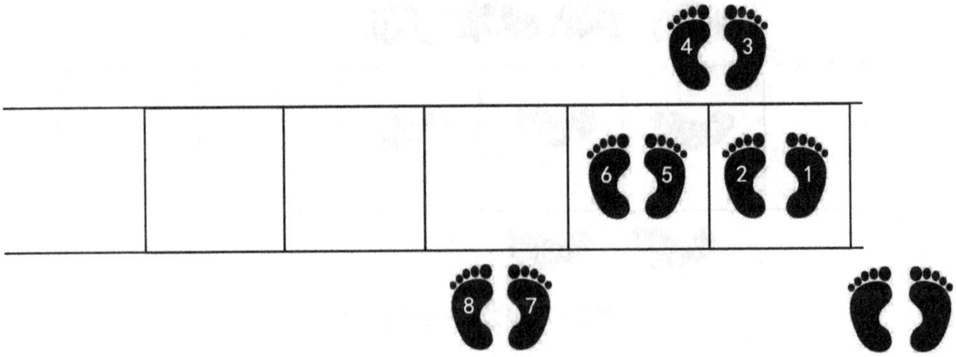

图7-11　侧向“Z”字形进退步

12.正向内外前移（图7-12）

训练目的：提高变向移动速度及灵敏协调性。

动作要求：正对敏捷梯站立，双脚依次迈步，右脚移出到右边框外，左脚移出到左边框外，触地瞬间，右脚和左脚依次迈步进入第二个格子内，按图示顺序依次循环前进。

注意事项：按照规定的步法上下肢协调配合完成练习，尽可能减少脚掌与地面接触的时间，落地轻盈有弹性，控制动作节奏，避免踩到敏捷梯。练习过程中保持正常呼吸，不要憋气。

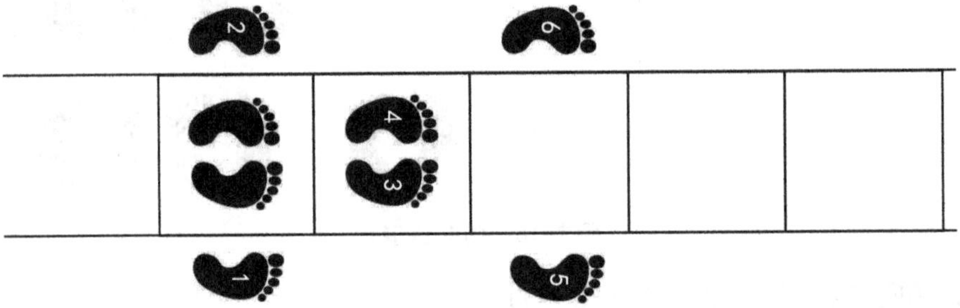

图7-12　正向内外前移

13.高抬腿内外前移（图7-13）

训练目的：提高变向移动速度及灵敏协调性。

动作要求：正对敏捷梯站立，高抬右、左腿进入第一个格子，左脚触地瞬间，右腿高抬迈步到右边框外。右脚触地瞬间，左腿高抬迈步到左边框外。高抬右、左腿迈步依次进入第二个格子内。手臂配合自然摆动，按图示顺序依次循环向前。

注意事项：按照规定的步法上下肢协调配合完成练习，尽可能减少脚掌与地

面接触的时间，落地轻盈有弹性，控制动作节奏，避免踩到敏捷梯。练习过程中保持正常呼吸，不要憋气。

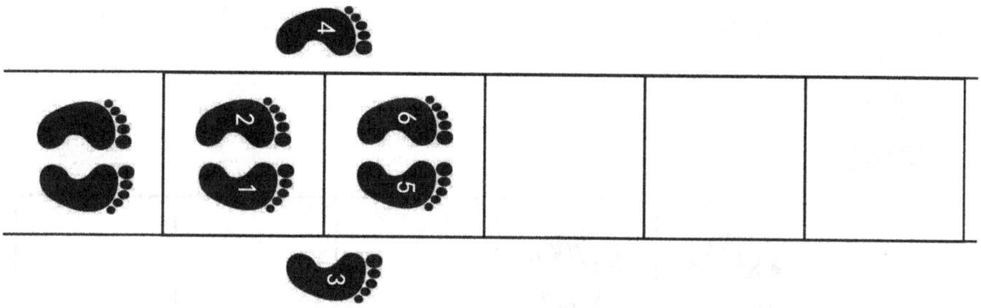

图7-13　高抬腿内外前移

14.滑步前移（图7-14）

训练目的：提高变向移动速度及灵敏协调性。

动作要求：正对敏捷梯站立在第一个格子左侧，双脚依次进入第一个格子，触地瞬间右脚、左脚依次移出到右边框外，左脚和右脚依次迈步进入下一个框内，按图示顺序依次循环向前。

注意事项：按照规定的步法上下肢协调配合完成练习，尽可能减少脚掌与地面接触的时间，落地轻盈有弹性，控制动作节奏，避免踩到敏捷梯。练习过程中保持正常呼吸，不要憋气。

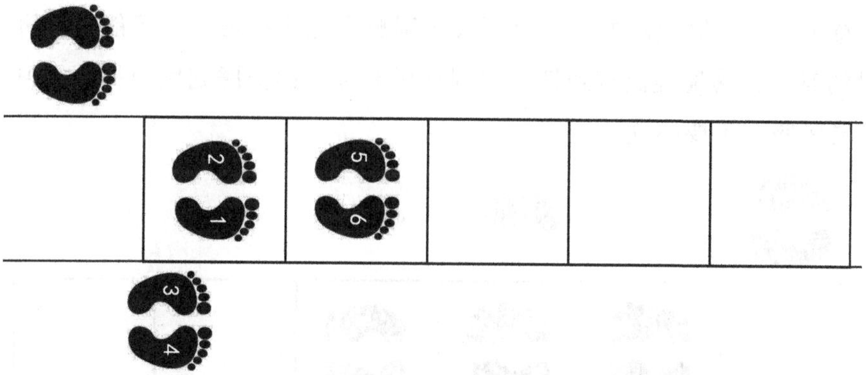

图7-14　滑步前移

15.滑步后移（图7-15）

训练目的：提高后退变向移动速度及灵敏协调性。

动作要求：背对敏捷梯站立在第一个格子右侧，双脚依次进入第一个格子，触地瞬间右脚、左脚依次移出到左边框外，右脚和左脚依次迈步进入下一个框内，按图示顺序依次循环后移。

注意事项：按照规定的步法上下肢协调配合完成练习，尽可能减少脚掌与地面接触的时间，落地轻盈有弹性，控制动作节奏，避免踩到敏捷梯。练习过程中保持正常呼吸，不要憋气。

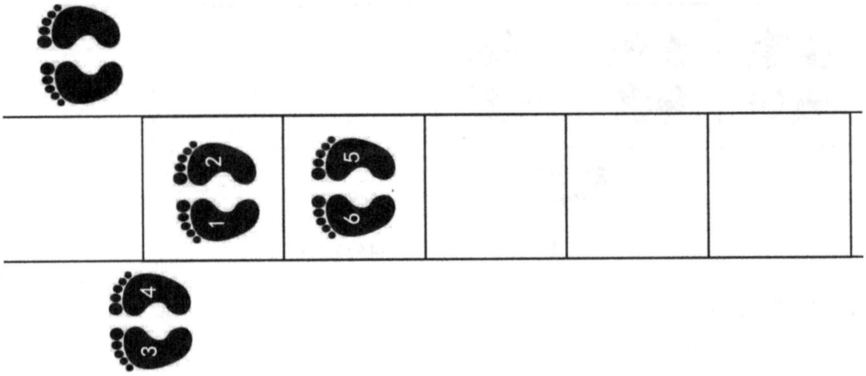

图7-15　滑步后移

16.滑步单脚支撑（图7-16）

训练目的：提高横向移动单脚支撑稳定性及灵敏协调性。

动作要求：正对敏捷梯在第一个格子左侧站立。双脚依次进入第一个格子，触地瞬间右脚移出到右边框外，单脚支撑，左脚悬空，稳定身体重心后右脚蹬地，左脚和右脚依次进入下一个格子内，按图示顺序依次循环前进。

注意事项：按照规定的步法上下肢协调配合完成练习，尽可能减少脚掌与地面接触的时间，落地轻盈有弹性，控制动作节奏，避免踩到敏捷梯。练习过程中保持正常呼吸，不要憋气。

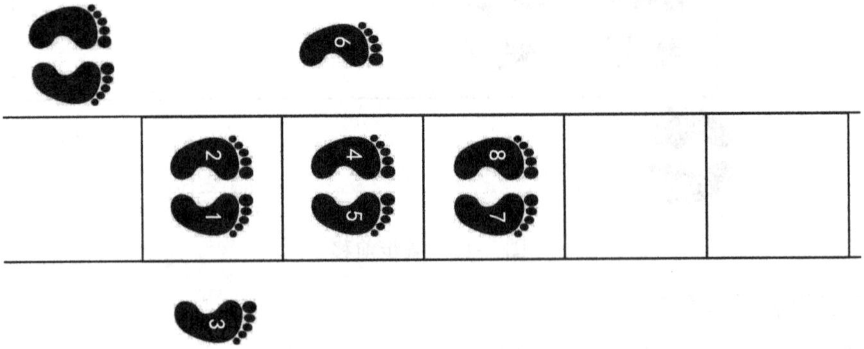

图7-16　滑步单脚支撑

17.滑步单脚前移（图7-17）

训练目的：提高移动速度及灵敏协调性。

动作要求：正对敏捷梯站在第一个格子的左侧，右脚和左脚依次迈步进入第一个格子，左脚触地瞬间右脚迈步到右边框外，左脚向前迈步到第二个格子内，右脚跟进；左脚移出到左边框外，右脚向前迈步到第三个格子内，左脚跟进，按图示顺序依次循环前进。

注意事项：按照规定的步法上下肢协调配合完成练习，尽可能减少脚掌与地面接触的时间，落地轻盈有弹性，控制动作节奏，避免踩到敏捷梯。练习过程中保持正常的呼吸，不要憋气。

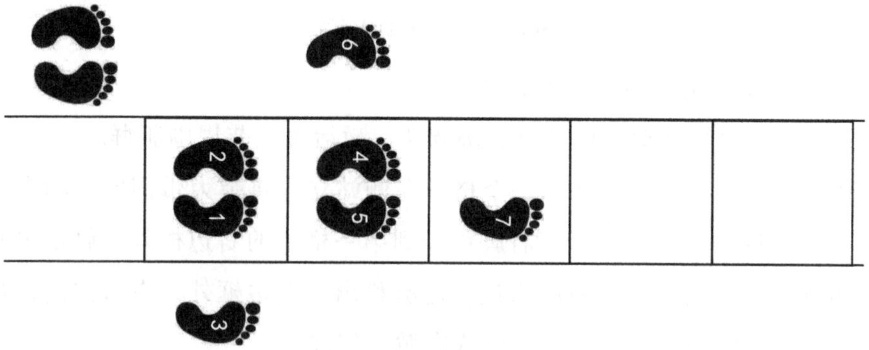

图7-17　滑步单脚前移

18.滑步单脚后移（图7-18）

训练目的：提高后退移动速度及灵敏协调性。

动作要求：背对敏捷梯站在第一个格子的左侧，右脚和左脚依次迈步进入第一个格子，左脚触地瞬间右脚迈步到右边框外，左脚后退到第二个格子内，右脚跟进，左脚移出到左边框外，右脚后退到第三个格子内，左脚跟进，按图示顺序依次循环后移。

注意事项：按照规定的步法上下肢协调配合完成练习，尽可能减少脚掌与地面接触的时间，落地轻盈有弹性，控制动作节奏避免踩到敏捷梯。练习过程中保持正常的呼吸，不要憋气。

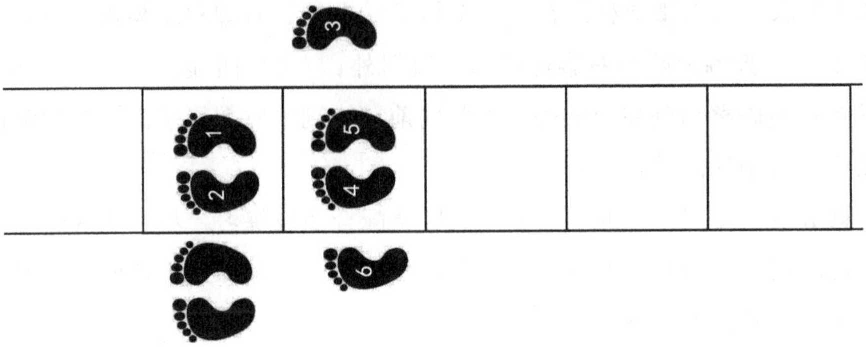

图7-18　滑步单脚后移

19.弹力带单脚滑步前移（图7-19）

训练目的：提高移动速度及灵敏协调性，激活髋关节周围肌群。

动作要求：正对敏捷梯在第一个格子左侧站立，将弹力带固定在脚踝上，右脚和左脚依次进入第一个格子，右脚迈步到第一格子的右边框外，触地瞬间左脚向前迈步到第二个格子内，右脚跟进，左脚移出到左边框外，右脚向前迈步到第三个格子内，左脚跟进，按图示顺序依次循环前进。

注意事项：按照规定的步法上下肢协调配合完成练习，尽可能减少脚掌与地面接触的时间，落地轻盈有弹性，控制动作节奏，避免踩到敏捷梯。练习过程中保持正常呼吸，不要憋气。

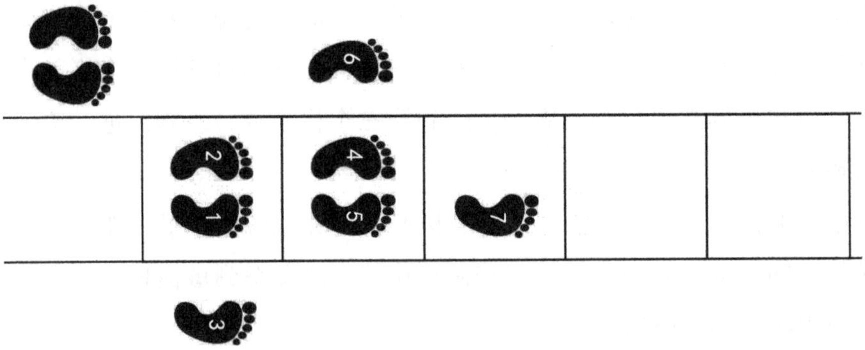

图7-19　弹力带单脚滑步前移

20.弹力带侧向移动（图7-20）

训练目的：提高侧向移动速度及灵敏协调性，激活髋关节周围肌群。

动作要求：侧对敏捷梯站立，将弹力带固定在脚踝上，膝关节微屈，上体略前倾，前脚掌着地，手臂前后摆动，按图示顺序一步一格快速平行侧移，换另一侧方向完成练习。

注意事项：按照规定的步法上下肢协调配合完成练习，尽可能减少脚掌与地面接触的时间，落地轻盈有弹性，控制动作节奏，避免踩到敏捷梯。练习过程中保持正常呼吸，不要憋气。

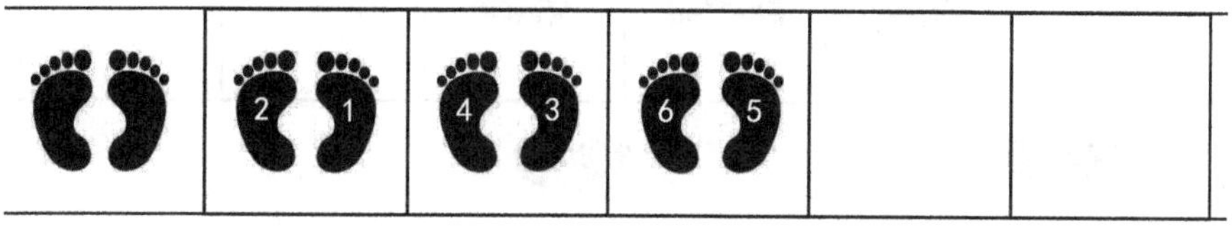

图7-20　弹力带侧向移动

21.内跨步（图7-21）

训练目的：提高下肢摆动速度及灵敏协调性。

动作要求：正对敏捷梯站立，两脚前后分开，左脚在格子内，右脚在格子右后方，成弓步，双脚同时用力蹬地，向左前方跳起，右脚落入下一个格子，左脚留在格子的后方。按照图示顺序，成“人”字形依次循环向前移动。

注意事项：按照规定的步法上下肢协调配合完成练习，尽可能减少脚掌与地面接触的时间，落地轻盈有弹性，控制动作节奏，避免踩到敏捷梯上。练习过程中保持正常呼吸，不要憋气。

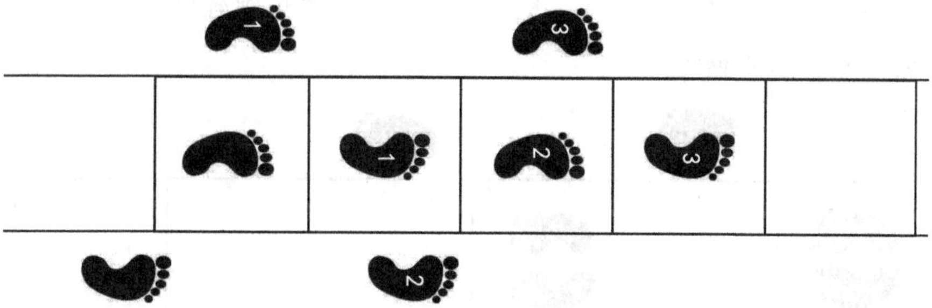

图7-21　内跨步

22.弹力带内跨步后跳（图7-22）

训练目的：提高下肢摆动速度及灵敏协调性，激活髋关节周围肌群。

动作要求：背对敏捷梯站立，将弹力带固定在脚踝上，右脚在格子内，左脚在格子左后方，成弓步，双脚同时蹬地向右后方，左脚落入下一个格子，右脚在格子右后方。按图示顺序，呈“人”字形依次循环向后移动。

注意事项：按照规定的步法上下肢协调配合完成练习，尽可能减少脚掌与地面接触的时间，落地轻盈有弹性，控制动作节奏，避免踩到敏捷梯。练习过程中保持正常呼吸，不要憋气。

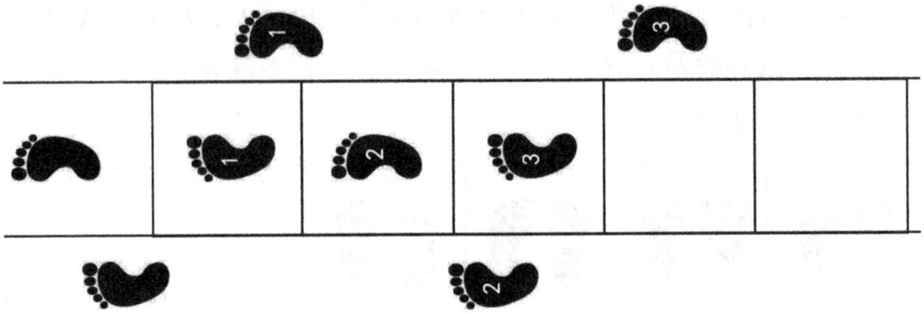

图7-22　弹力带内跨步后跳

（二）下肢跳跃练习

1.开合跳（图7-23）

训练目的：提高下肢爆发力及灵敏协调性。

动作要求：正对敏捷梯站立，屈肘双手置于体侧，双脚同时蹬地跳起落在第一个格子两侧，呈左右开立，触地瞬间跳起，双脚合并落在第二个格子内，按照图示顺序依次循环向前跳。

注意事项：按照规定的步法上下肢协调配合完成练习，尽可能减少脚掌与地面接触的时间，落地轻盈有弹性，控制动作节奏，避免踩到敏捷梯。练习过程中保持正常呼吸，不要憋气。

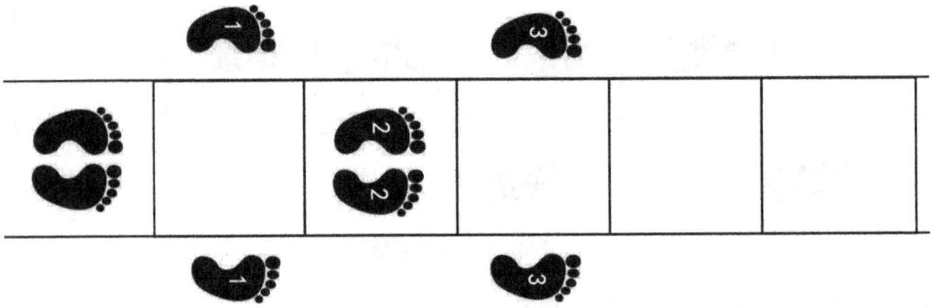

图7-23　开合跳

2.开合两级跳（图7-24）

训练目的：提高下肢爆发力及灵敏协调性。

动作要求：正对敏捷梯站立，屈肘双手置于体侧，双脚同时蹬地跳起落在第二个格子两侧，呈左右开立，触地瞬间跳起，双脚合并落在第四个格子内，每次向前跳两个格子，按照图示顺序依次循环向前跳。

注意事项：按照规定的步法上下肢协调配合完成练习，尽可能减少脚掌与地

面接触的时间，落地轻盈有弹性，控制动作节奏，避免踩到敏捷梯。练习过程中保持正常呼吸，不要憋气。

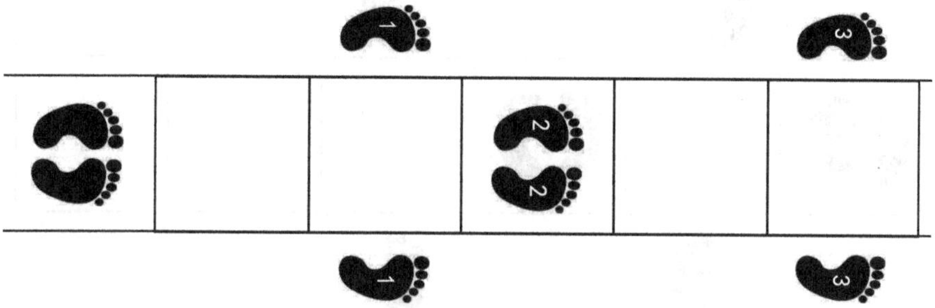

图7-24　开合两级跳

3.侧向开合跳一（图7-25）

训练目的：提高下肢爆发力及灵敏协调性。

动作要求：侧对敏捷梯站立，屈肘双手置于体侧，双脚同时蹬地跳起成分腿，右脚进入第一个格子内，左脚落在第一个格子的边框外，触地瞬间跳起，并脚落在格子外。按照图示顺序，左右脚交替循环侧向跳起。

注意事项：按照规定的步法上下肢协调配合完成练习，尽可能减少脚掌与地面接触的时间，落地轻盈有弹性，控制动作节奏，避免踩到敏捷梯。练习过程中保持正常呼吸，不要憋气。

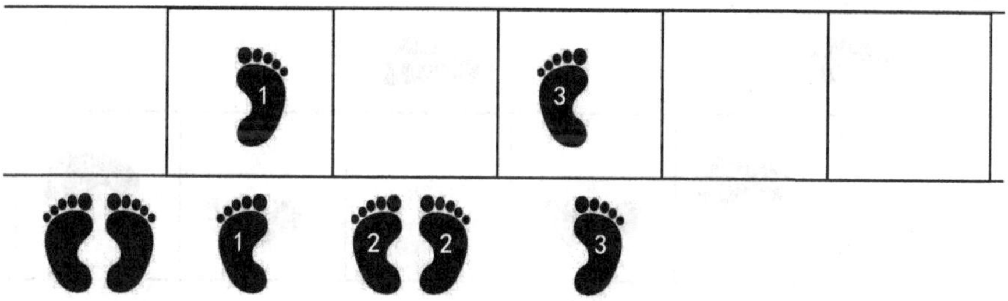

图7-25　侧向开合跳一

4.侧向开合跳二（图7-26）

训练目的：提高下肢爆发力及灵敏协调性。

动作要求：侧对敏捷梯站在第一个格子左边框外，屈肘双手置于体侧，双脚同时蹬地跳起成分腿，落在第一个格子的框外，触地瞬间跳起，并脚落在第二个格子内。按照图示顺序，左右脚交替循环侧向跳起。

注意事项：按照规定的步法上下肢协调配合完成练习，尽可能减少脚掌与地面接触的时间，落地轻盈有弹性，控制动作节奏，避免踩到敏捷梯。练习过程中保持正常呼吸，不要憋气。

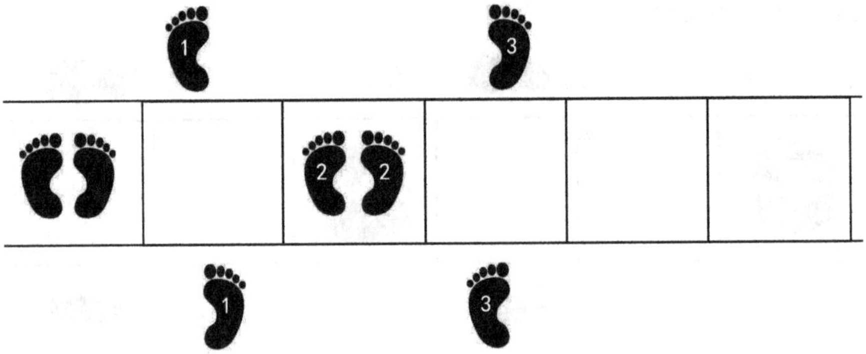

图7-26　侧向开合跳二

5.前交叉开合跳（图7-27）

训练目的：提高下肢爆发力及灵敏协调性。

动作要求：正对敏捷梯，双脚开立站在第一个格子的两侧，屈肘双手置于体侧，双脚同时跳起在空中交叉，成前后开立落在两个格子内。每次跳进时交换两腿的位置，按图示顺序依次循环向前。

注意事项：按照规定的步法上下肢协调配合完成练习，尽可能减少脚掌与地面接触的时间，落地轻盈有弹性，控制动作节奏，避免踩到敏捷梯。练习过程中保持正常呼吸，不要憋气。

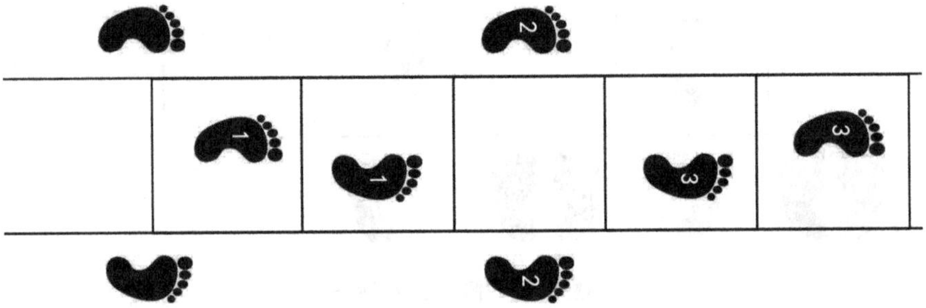

图7-27　前交叉开合跳

6.开合后踢跳（图7-28）

训练目的：提高下肢爆发力及灵敏协调性。

动作要求：正对敏捷梯，双脚开立站在第一个格子两侧，双手置于体侧，双脚跳起左脚落于下一个格子内，同时右腿屈曲后踢，触地瞬间左脚蹬地向前跳，双脚分开落在下一个格子的边框外，再次前跳，右腿支撑落在下一个格子内，左腿同时屈曲向后踢，按图示顺序依次循环向前。

注意事项：按照规定的步法上下肢协调配合完成练习，尽可能减少脚掌与地面接触的时间，落地轻盈有弹性，控制动作节奏，避免踩到敏捷梯。练习过程中保持正常呼吸，不要憋气。

图7-28　开合后踢跳

7.开合提膝跳（图7-29）

训练目的：提高下肢爆发力及灵敏协调性。

动作要求：正对敏捷梯，两脚开立站在第一个格子两侧，双脚同时前跳，左脚支撑落于第一个格子内，右腿屈膝前提，触地瞬间跳起，双脚打开落在第二个格子边框外，再次前跳右脚落在第三个格子内，左脚屈膝前提。手臂配合摆动，按照图示顺序依次循环向前。

注意事项：按照规定的步法上下肢协调配合完成练习，尽可能减少脚掌与地面接触的时间，落地轻盈有弹性，控制动作节奏，避免踩到敏捷梯。练习过程中保持正常呼吸，不要憋气。

图7-29　开合提膝跳

8.背向开合提膝跳（图7-30）

训练目的：提高下肢爆发力及灵敏协调性。

动作要求：背对敏捷梯，双脚开立站在第一个格子两侧，屈肘双手置于体侧，左脚支撑落于第一个格子内，右腿屈膝前提，触地瞬间跳起，双脚打开落在第二个格子边框外，再次前跳，右脚落在第三个格子内，左脚屈膝前提。手臂配合摆动，按照图示顺序依次循环向后移动。

注意事项：按照规定的步法上下肢协调配合完成练习，尽可能减少脚掌与地面接触的时间，落地轻盈有弹性，控制动作节奏，避免踩到敏捷梯。练习过程中保持正常呼吸，不要憋气。

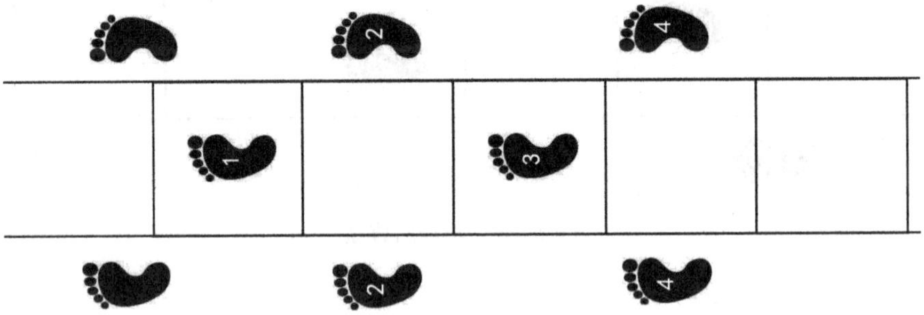

图7-30　背向开合提膝跳

9.开合触脚跳（图7-31）

训练目的：提高下肢爆发力及灵敏协调性。

动作要求：正对敏捷梯，双脚开立站在第一个格子两侧，双脚同时前跳，左脚支撑落于第一个格子内，右腿高抬外展，左手触碰右脚踝，触脚后积极下压打开落在第二个格子边框外，换右脚支撑，左腿高抬外展，右手触碰左脚踝，按图示顺序依次循环向前移动。

注意事项：按照规定的步法上下肢协调配合完成练习，尽可能减少脚掌与地面接触的时间，落地轻盈有弹性，控制动作节奏，避免踩到敏捷梯。练习过程中保持正常呼吸，不要憋气。

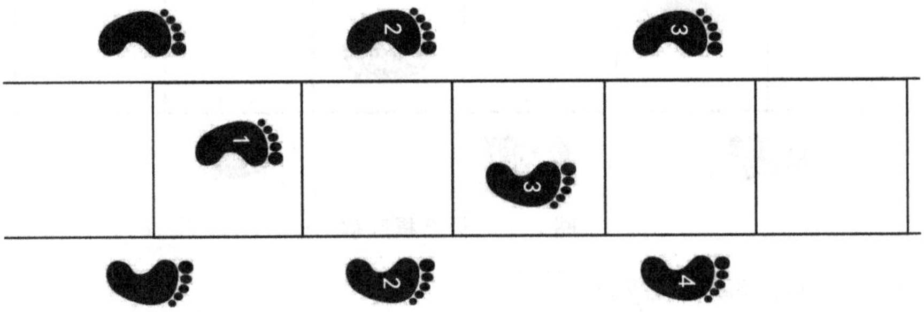

图7-31　开合触脚跳

10.开合蹲跳（图7-32）

训练目的：提高下肢爆发力及灵敏协调性。

动作要求：正对敏捷梯站立，屈肘双手置于体侧，跳起双脚落在第一个格子外，屈膝90°半蹲，停顿1~2秒稳定身体重心，爆发式跳起，落在第二个格子内，膝关节伸直，按图示顺序依次循环向前移动。

注意事项：按照规定的步法上下肢协调配合完成练习，控制动作节奏，避免踩到敏捷梯。练习过程中保持正常呼吸，不要憋气。

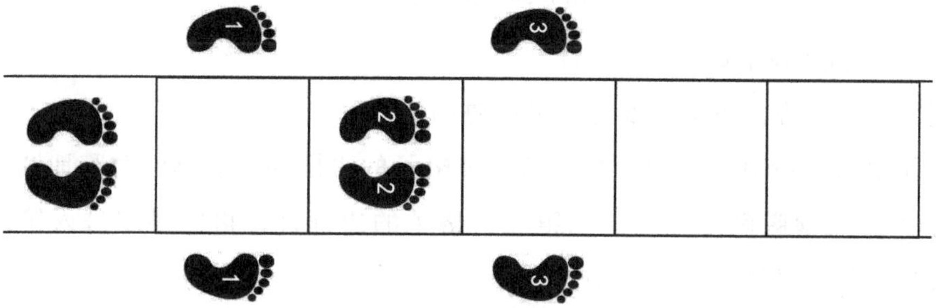

图7-32 开合蹲跳

11.双脚跳（图7-33）

训练目的：提高下肢爆发力及灵敏协调性。

动作要求：正对敏捷梯站立，前脚掌用力蹬地，踝关节爆发式跳起进入下一个格子，双臂摆动配合，按图示顺序向前跳跃。

注意事项：按照规定的步法上下肢协调配合完成练习，尽可能减少脚掌与地面接触的时间，落地轻盈有弹性，控制动作节奏，避免踩到敏捷梯。练习过程中保持正常呼吸，不要憋气。

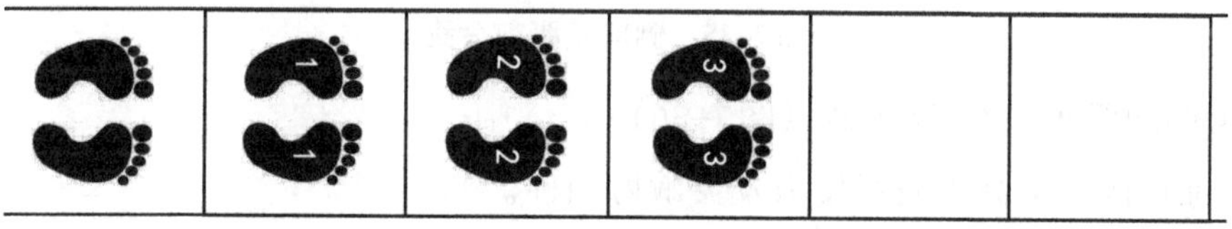

图7-33 双脚跳

12.侧向双脚跳（图7-34）

训练目的：提高下肢爆发力及灵敏协调性。

动作要求：侧对敏捷梯站立，双脚分开与肩同宽，下肢发力跳进第一个格子内，前脚掌触地瞬间爆发式跳起进入第二个格子内，按图示顺序依次循环侧向前进。

注意事项：按照规定的步法上下肢协调配合完成练习，尽可能减少脚掌与地面接触的时间，落地轻盈有弹性，控制动作节奏，避免踩到敏捷梯。练习过程中保持正常呼吸，不要憋气。

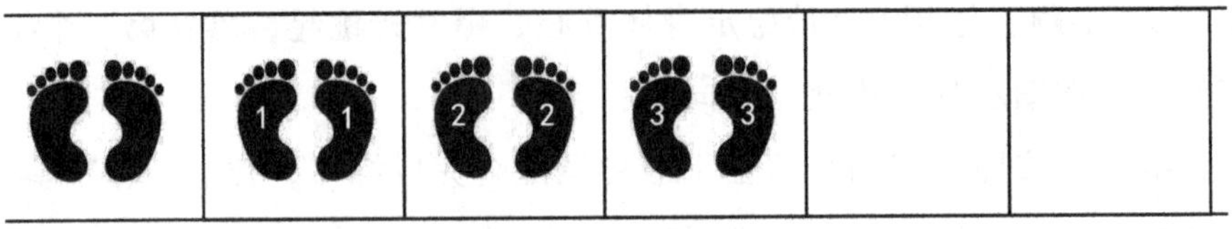

图7-34　侧向双脚跳

13. 侧向双脚前后跳（图7-35）

训练目的：提高下肢爆发力及灵敏协调性。

动作要求：侧对敏捷梯，站在第一个格子的边框外。双脚同时蹬地跳进第一个格子内，触地瞬间反方向跳到第二个格子的边框外，再次跳起进入第二个格子，按图示顺序依次循环侧向前进。

注意事项：按照规定的步法上下肢协调配合完成练习，尽可能减少脚掌与地面接触的时间，落地轻盈有弹性，控制动作节奏，避免踩到敏捷梯。练习过程中保持正常呼吸，不要憋气。

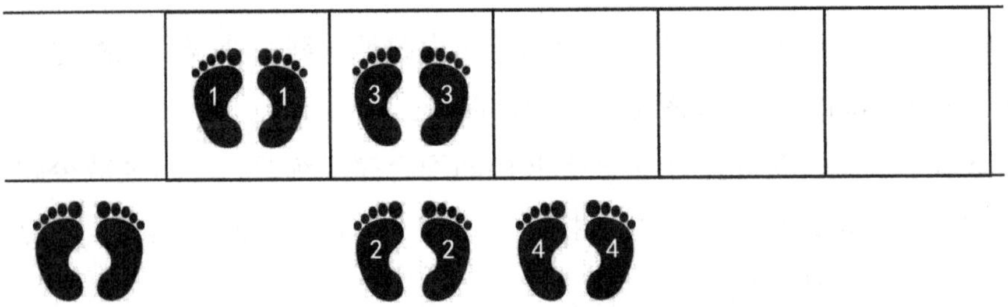

图7-35　侧向双脚前后跳

14. 侧向双脚"Z"字形跳（图7-36）

训练目的：提高下肢爆发力及灵敏协调性。

动作要求：侧对敏捷梯站在第一个格子的边框外，以右侧先行为例，双脚同时蹬地跳起进入第一个格子内，触地瞬间前跳至第二个格子的上边框外，跳起后退进入第二个格子内，继续后退跳出到第二个格子下边框外，前跳进入第三个格子，手臂配合前后摆动，按图示顺序成"Z"字形循环侧向前进。

注意事项：按照规定的步法上下肢协调配合完成练习，尽可能减少脚掌与地面接触的时间，落地轻盈有弹性，控制动作节奏，避免踩到敏捷梯。练习过程中保持正常呼吸，不要憋气。

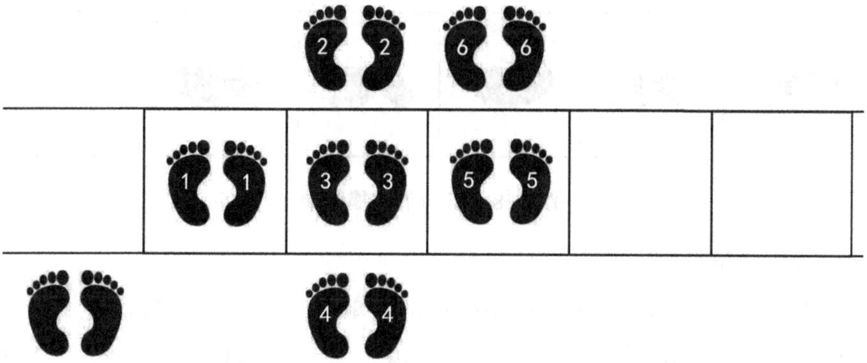

图7-36　侧向双脚“Z”字形跳

15.单边“Z”字形双脚跳（图7-37）

训练目的：提高下肢爆发力及灵敏协调性。

动作要求：正对敏捷梯站在第一个格子边框外，双脚跳起向右进入第一个格子内，触地瞬间跳起到第二个格子上边框外，再次跳起进入第二个格子内，按图示顺序依次循环向前。

注意事项：按照规定的步法上下肢协调配合完成练习，尽可能减少脚掌与地面接触的时间，落地轻盈有弹性，控制动作节奏，避免踩到敏捷梯。练习过程中保持正常呼吸，不要憋气。

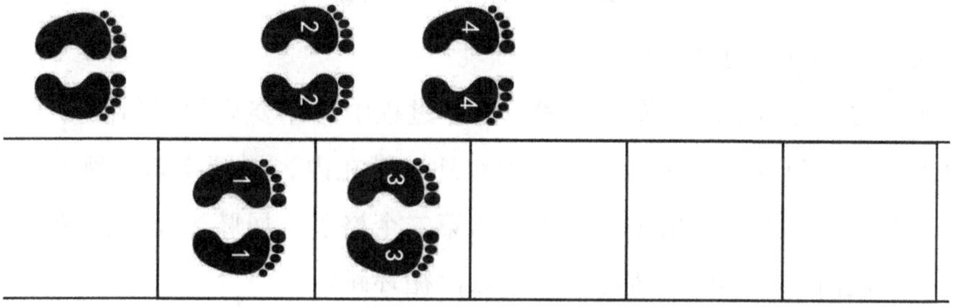

图7-37　单边“Z”字形双脚跳

16.正向单脚提膝跳（图7-38）

训练目的：提高下肢爆发力及单脚支撑平衡控制能力。

动作要求：正对敏捷梯站立，单脚支撑，异侧腿屈髋90°高抬，上体保持正直，双臂配合下肢动作自然摆动，按图示顺序依次循环向前跳进。

注意事项：按照规定的步法上下肢协调配合完成练习，尽可能减少脚掌与地面接触的时间，落地轻盈有弹性，控制动作节奏，避免踩到敏捷梯。练习过程中保持正常呼吸，不要憋气。

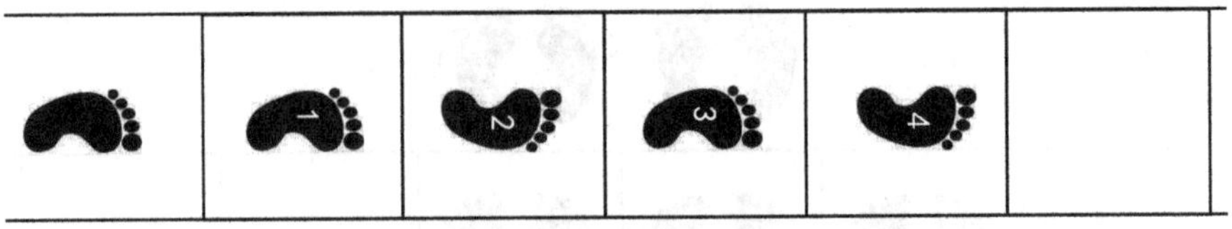

图7-38　正向单脚提膝跳

17.侧向单脚提膝跳（图7-39）

训练目的：提高下肢爆发力及侧向移动时单脚支撑的平衡控制能力。

动作要求：侧对敏捷梯站立，右脚支撑，另一侧腿屈髋90°高抬，上体保持正直，双臂配合下肢动作自然摆动，按图示顺序依次侧向跳跃移动，换另一侧方向完成练习。

注意事项：按照规定的步法上下肢协调配合完成练习，尽可能减少脚掌与地面接触的时间，落地轻盈有弹性，控制动作节奏，避免踩到敏捷梯。练习过程中保持正常呼吸，不要憋气。

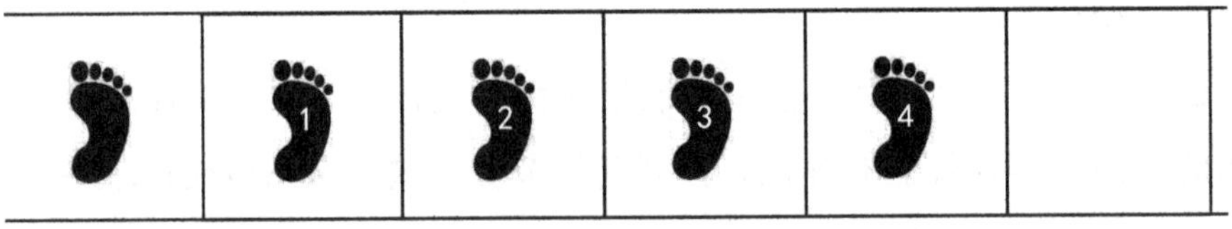

图7-39　侧向单脚提膝跳

18.侧向环转跳（图7-40）

训练目的：提高下肢爆发力及腾空转体过程中身体姿势的控制能力。

动作要求：侧对敏捷梯站立，一脚在外一脚在内，屈膝半蹲，跳起空中左前转180°，左脚进入第一个格子，右脚进入第二个格子，屈膝半蹲，停顿1~2秒钟，稳定重心后反向环转180°，按图示顺序依次循环跳跃。

注意事项：按照规定的步法上下肢协调配合完成练习，落地要轻盈，注意屈膝缓冲，控制动作节奏，避免踩到敏捷梯。练习过程中保持正常呼吸，不要憋气。

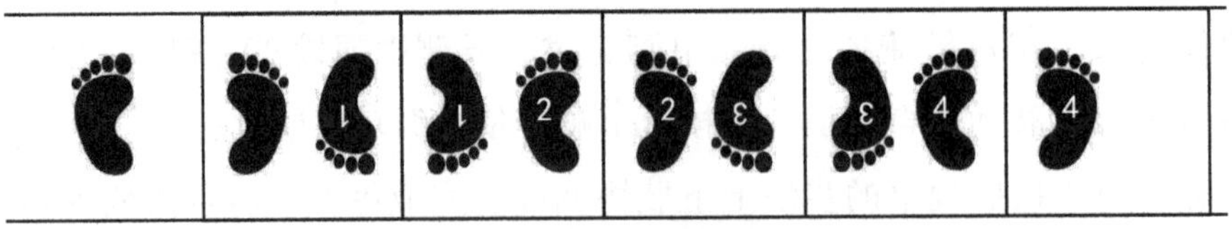

图7-40　侧向环转跳

19.侧向单脚停顿跳（图7–41）

训练目的：提高下肢爆发力及侧向移动时单脚支撑的平衡控制能力。

动作要求：侧对敏捷梯站立，单脚支撑，异侧腿悬空，双臂配合摆动，用力向前上方跳起，落在第二个格子里，膝关节自然弯曲缓冲，停顿保持1~2秒钟后跳入下一格，按图示顺序循环侧向跳进。

注意事项：按照规定的步法上下肢协调配合完成练习，落地要轻盈，注意屈膝缓冲，控制动作节奏，避免踩到敏捷梯。练习过程中保持正常呼吸，不要憋气。

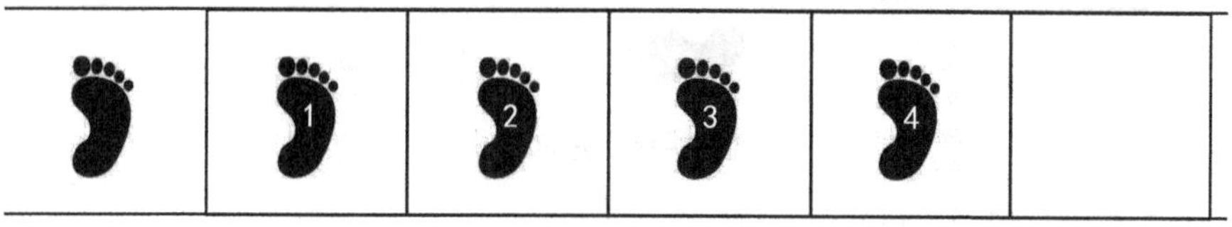

图7–41　侧向单脚停顿跳

20.交替小步跳（图7–42）

训练目的：提高下肢爆发力及灵敏协调性。

动作要求：正对敏捷梯站立，支撑腿爆发式用力蹬地跳起，摆动腿提膝，腾空至最高点时摆动腿下压，双脚同时落在第一个格子内，触地瞬间换异侧脚支撑，落在第二个格子内，手臂配合前后摆动，按图示顺序依次交替循环向前跳跃。

注意事项：按照规定的步法上下肢协调配合完成练习，尽可能减少脚掌与地面接触的时间，落地轻盈有弹性，控制动作节奏，避免踩到敏捷梯。练习过程中保持正常呼吸，不要憋气。

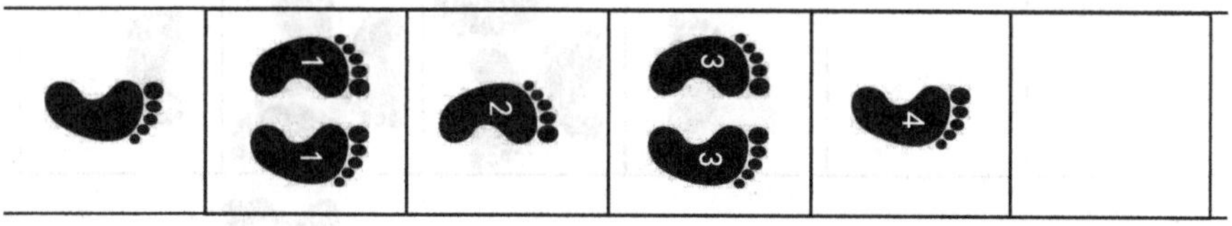

图7–42　交替小步跳

21.方形跳（图7–43）

训练目的：提高转体灵活性及灵敏协调性。

动作要求：侧对敏捷梯站立，一脚在格子内，一脚在格子外，膝关节微屈。右脚蹬地向右前方转体90°，双脚触地瞬间继续右前方转体90°，左脚进入下一个格子，触地后左脚蹬地向左前方转体90°，双脚触地瞬间继续左前方转体90°，按图示顺序依次循环向前移动。

注意事项：每次转动后保持头、肩、髋、双脚正对转动方向，尽可能减少脚掌与地面接触的时间，落地轻盈有弹性，控制动作节奏，避免踩到敏捷梯。练习过程中保持正常呼吸，不要憋气。

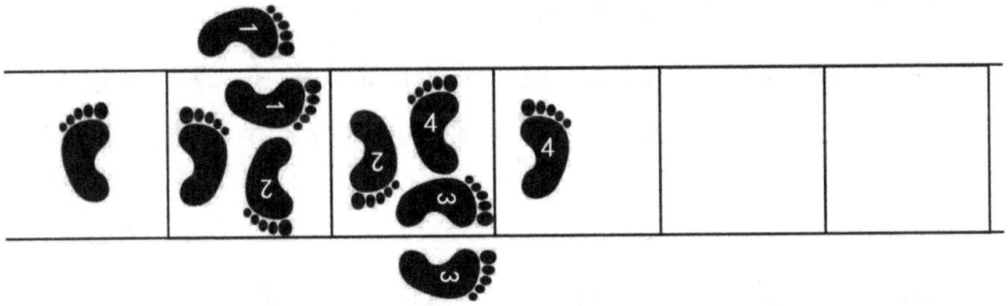

图7-43 方形跳

22.方形后跳（图7-44）

训练目的：提高转体灵活性及灵敏协调性。

动作要求：侧对敏捷梯站立，一脚在格子内，一脚在格子外，膝关节微屈。右脚蹬地向右后方转体90°，双脚触地瞬间继续右后方转体90°，左脚进入下一个格子，触地后左脚蹬地向左后方转体90°，双脚触地瞬间继续左后方转体90°，按图示顺序依次循环向后移动。

注意事项：每次转动后保持头、肩、髋、双脚背对转动方向，尽可能减少脚掌与地面接触的时间，落地轻盈有弹性，控制动作节奏，避免踩到敏捷梯。练习过程中保持正常呼吸，不要憋气。

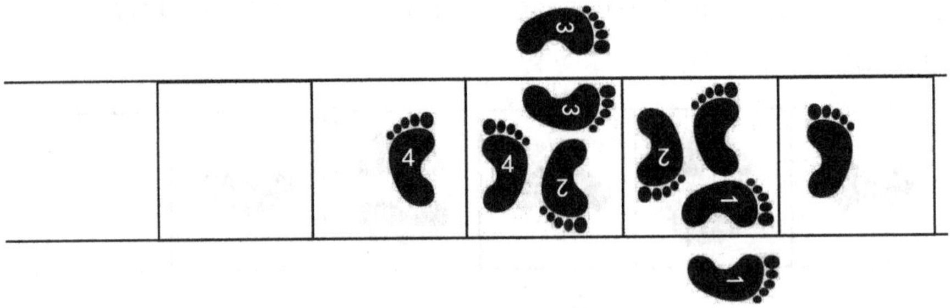

图7-44 方形后跳

（三）转体灵活性练习

1.正向剪刀步（图7-45）

训练目的：提高转体灵活性，下肢摆动速率及灵敏协调性。

动作要求：正对敏捷梯站立，双脚同时用力蹬地跳起，在空中交叉，右脚向前进入第一个格子，左脚落在原地，再次跳起左脚迈步进入第二个格子内，手臂配合摆动，按图示顺序双脚交替剪刀式循环向前移动。

注意事项：按照规定的步法上下肢协调配合完成练习，尽可能减少脚掌与地面接触的时间，落地轻盈有弹性，控制动作节奏，避免踩到敏捷梯。练习过程中保持正常呼吸，不要憋气。

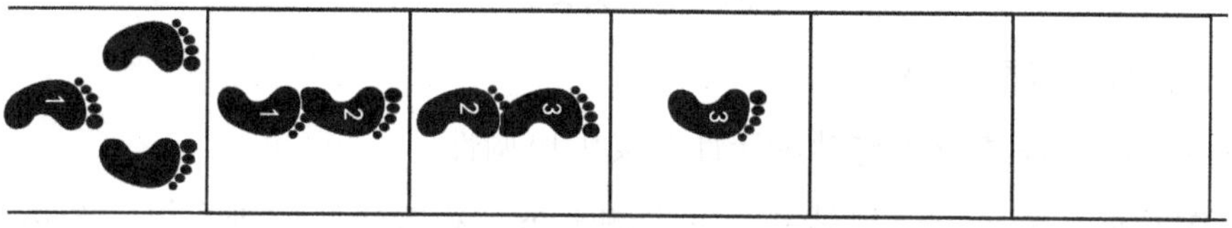

图7-45 正向剪刀步

2.侧向剪刀步（图7-46）

训练目的：提高转体灵活性，下肢摆动速率及灵敏协调性。

动作要求：侧对敏捷梯站立，以右脚先行为例，双脚同时用力蹬地，在空中交叉，右脚向前进入第一个格子，再次跳起左脚迈步进入第二个格子，手臂配合摆动，按图示顺序依次循环侧向移动。

注意事项：按照规定的步法上下肢协调配合完成练习，尽可能减少脚掌与地面接触的时间，落地轻盈有弹性，控制动作节奏，避免踩到敏捷梯。练习过程中保持正常呼吸，不要憋气。

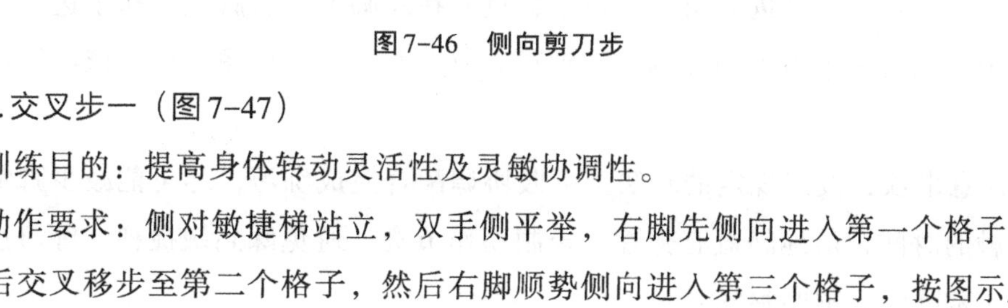

图7-46 侧向剪刀步

3.交叉步一（图7-47）

训练目的：提高身体转动灵活性及灵敏协调性。

动作要求：侧对敏捷梯站立，双手侧平举，右脚先侧向进入第一个格子，左脚从后交叉移步至第二个格子，然后右脚顺势侧向进入第三个格子，按图示顺序依次循环侧向移动。

注意事项：按照规定的步法上下肢协调配合完成练习，尽可能减少脚掌与地

面接触的时间，落地轻盈有弹性，控制动作节奏，避免踩到敏捷梯。练习过程中保持正常呼吸，不要憋气。

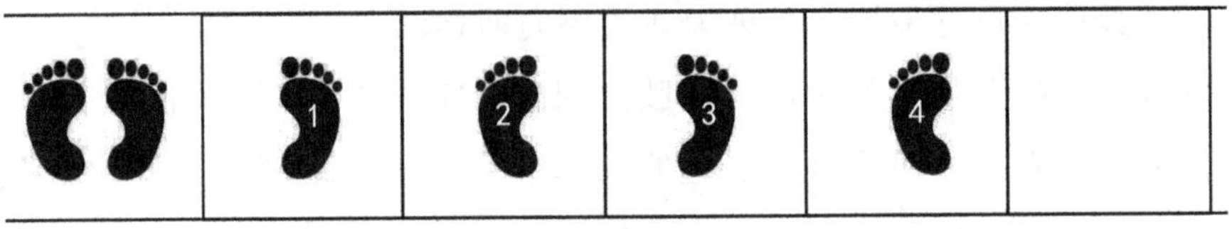

图7-47　交叉步一

4.交叉步二（图7-48）

训练目的：提高身体转动灵活性及灵敏协调性。

动作要求：侧对敏捷梯站立，双手侧平举，右脚先侧向进入第一个格子，左脚从后交叉顺势跟进至第一个格子，然后右脚继续侧向进入第二个格子，左脚继续从后交叉顺势跟进至第二个格子，按图示顺序依次循环侧向移动。

注意事项：按照规定的步法上下肢协调配合完成练习，尽可能减少脚掌与地面接触的时间，落地轻盈有弹性，控制动作节奏，避免踩到敏捷梯。练习过程中保持正常呼吸，不要憋气。

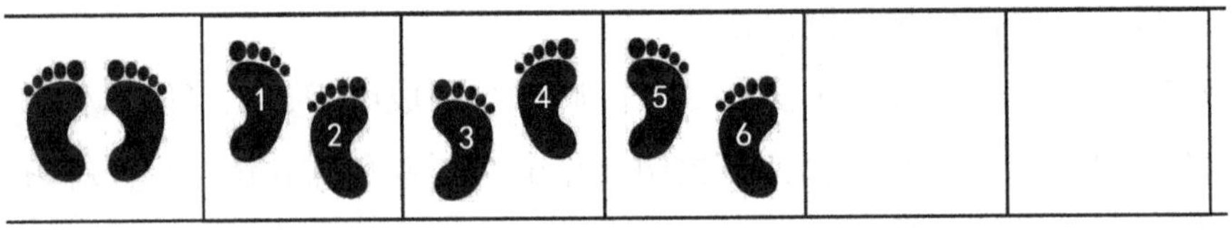

图7-48　交叉步二

5.交叉前移（图7-49）

训练目的：提高身体转动灵活性及灵敏协调性。

动作要求：正对敏捷梯站在第一个格子右侧，右脚前交叉进入第一个格子，重心转移到右脚上。左脚绕过梯子边框向左前方迈步落在第二个格子的外侧，右脚跟进，左脚前交叉进入第二个格子，重心在左脚上，右脚绕过梯子边框向右前方迈步落在第三个格子的外侧，左脚跟进放在左前方，按图示顺序依次循环向前移动。

注意事项：按照规定的步法上下肢协调配合完成练习，尽可能减少脚掌与地面接触的时间，落地轻盈有弹性，控制动作节奏，避免踩到敏捷梯。练习过程中保持正常呼吸，不要憋气。

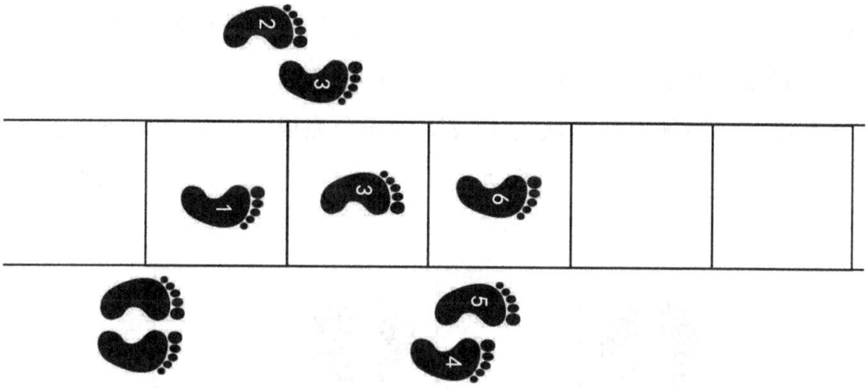

图7-49　交叉前移

6. 后交叉前移（图7-50）

训练目的：提高身体转动灵活性及灵敏协调性。

动作要求：正对敏捷梯站在第一个格子右侧，左脚向前一步，右脚后交叉进入第一个格子，重心移到右脚上。左脚绕过梯子向左前方迈步落于第二个格子的外侧，右脚跟上放在右前方。左脚后交叉进入第二个格子，重心在左脚上，右脚绕过梯子向右前方迈步落于第三个格子的外侧，左脚跟进放在左前方，按图示顺序依次循环向前移动。

注意事项：按照规定的步法上下肢协调配合完成练习，尽可能减少脚掌与地面接触的时间，落地轻盈有弹性，控制动作节奏，避免踩到敏捷梯。练习过程中保持正常呼吸，不要憋气。

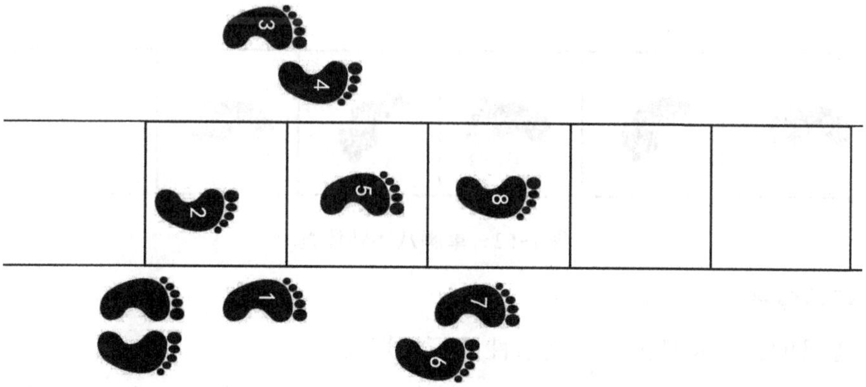

图7-50　后交叉前移

7. 单边转体双脚跳（图7-51）

训练目的：提高身体转动灵活性及下肢爆发力。

动作要求：正对敏捷梯站在第一个格子右侧，双脚同时发力跳起，左前转体

90°进入第二个格子；跳起后身体转正，双脚落于第二个格子的边框外，按图示顺序依次交替循环向前移动，换另一侧方向完成练习。

注意事项：按照规定的步法上下肢协调配合完成练习，落地要轻盈，注意屈膝缓冲，控制动作节奏，避免踩到敏捷梯。练习过程中保持正常呼吸，不要憋气。

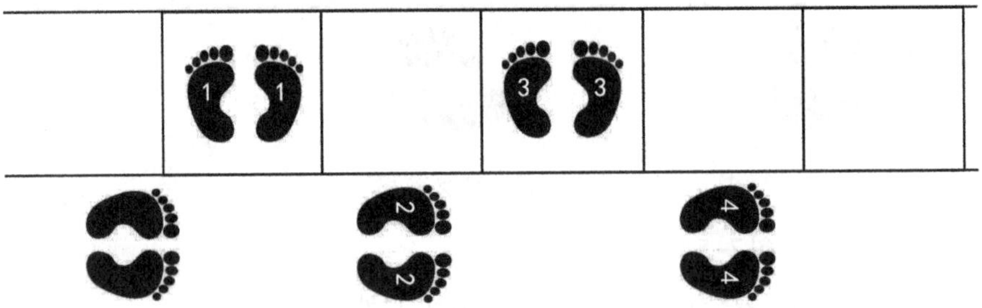

图7-51　单边转体双脚跳

8.单脚八字转体跳（图7-52）

训练目的：提高下肢爆发力、身体转动灵活性及单脚支撑平衡控制能力。

动作要求：正对敏捷梯站立，单脚支撑，异侧腿自然弯曲悬空。单腿用力跳起，在空中身体向左转、脚尖内扣落在第一个格子内，触地瞬间快速跳起，身体在空中向右转、脚尖外展落在第二个格子内，按图示顺序八字循环向前移动。

注意事项：按照规定的步法上下肢协调配合完成练习，落地要轻盈，注意屈膝缓冲，控制动作节奏，避免踩到敏捷梯。练习过程中保持正常呼吸，不要憋气。

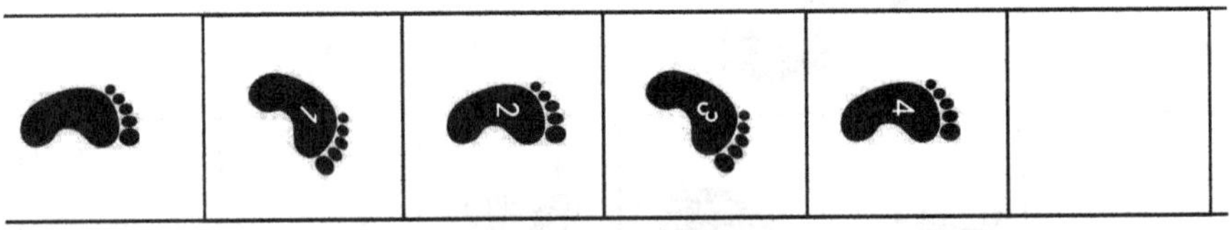

图7-52　单脚八字转体跳

9.前转体跳（图7-53）

训练目的：提高身体转动灵活性及下肢爆发力。

动作要求：正对敏捷梯，两脚左右开立。跳起左前转体90°，双脚前后落在两个格子内，保持头、上体正对前方，触地瞬间前跳身体转正，双脚成左右开立落在第二个格子的边框外，继续向前跳并换另一方向前转，按图示顺序依次交替循环向前移动。

注意事项：按照规定的步法上下肢协调配合完成练习，落地要轻盈，注意屈膝缓冲，控制动作节奏，避免踩到敏捷梯。练习过程中保持正常呼吸，不要憋气。

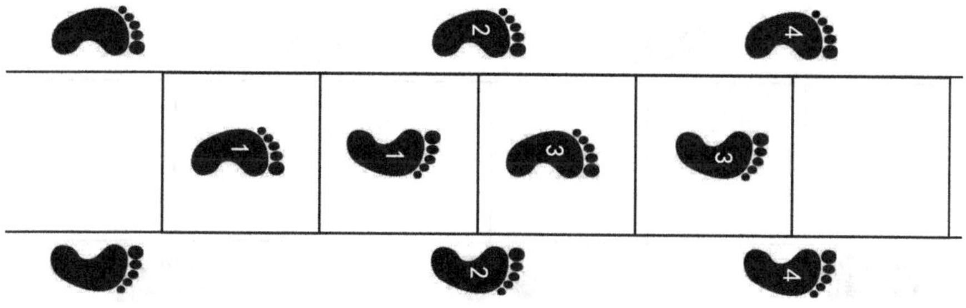

图 7-53　前转体跳

10.前交叉跨步（图 7-54）

训练目的：提高身体转动灵活性及动态平衡控制能力。

动作要求：正对敏捷梯站在右侧，右腿高抬向左前方迈步落在左边框外，触地瞬间右脚蹬转，左脚向右前方迈步落在右边框外，手臂配合前后摆动维持身体平衡，按图示顺序依次循环向前移动。

注意事项：按照规定的步法上下肢协调配合完成练习，尽可能减少脚掌与地面接触的时间，落地轻盈有弹性，控制动作节奏，避免踩到敏捷梯。练习过程中保持正常呼吸，不要憋气。

图 7-54　前交叉跨步

11.前交叉跨步跳（图 7-55）

训练目的：提高下肢爆发力及动态平衡控制能力。

动作要求：正对敏捷梯站在右侧，右脚向左前方迈步腾空，落在左边框外，手臂配合前后摆动维持身体平衡，右脚蹬转，左脚向右前方迈步落在右边框外，按图示顺序依次循环向前移动。

注意事项：按照规定的步法上下肢协调配合完成练习，落地要轻盈，注意屈膝缓冲，控制动作节奏，避免踩到敏捷梯。练习过程中保持正常呼吸，不要憋气。

图7-55　前交叉跨步跳

（四）上肢练习

1.上肢内外支撑（图7-56）

训练目的：提高上肢力量及核心稳定性。

动作要求：正对敏捷梯呈俯卧支撑姿势，双手支撑于第一个格子的边框外，左手进入第一个格子，右手跟进，右手触地的瞬间左手迅速移到左侧边框外，右手移到右侧边框外，按图示顺序依次循环。

注意事项：保持身体平直呈一条直线，避免晃动。练习过程中保持正常呼吸，不要憋气。

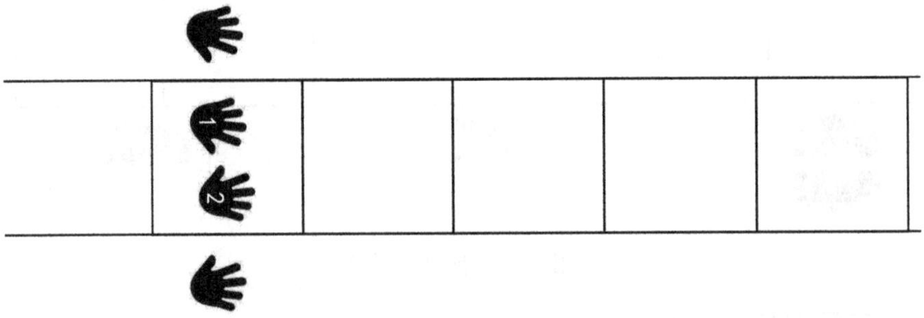

图7-56　上肢内外支撑

2.上肢前后支撑（图7-57）

训练目的：提高上肢力量及核心稳定性。

动作要求：正对敏捷梯呈俯卧支撑姿势，双手支撑于第一个格子的边框外，手臂前后进出格子移动，按图示顺序依次循环。

注意事项：保持身体平直呈一条直线，避免晃动。练习过程中保持正常呼吸，不要憋气。

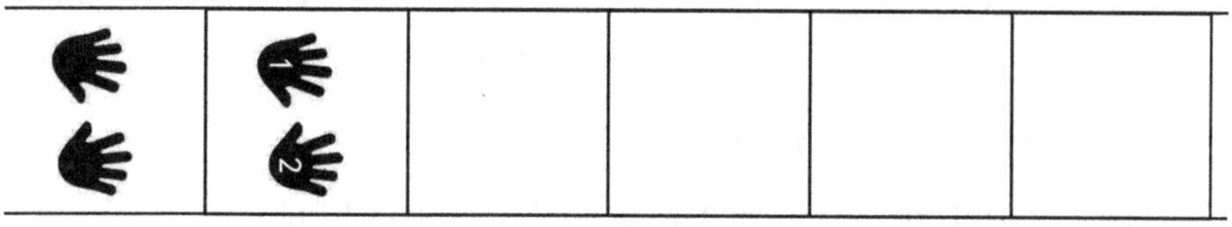

图7-57 上肢前后支撑

3. 上肢十字支撑（图7-58）

训练目的：提高上肢力量及核心稳定性。

动作要求：正对敏捷梯呈俯卧支撑姿势，双手支撑于第一个格子的边框外，左、右手先依次向前进入第一个格子，再分别向格子外移动，之后按顺序回到起始位置，按图示顺序依次循环。

注意事项：保持身体平直呈一条直线，避免晃动。练习过程中保持正常呼吸，不要憋气。

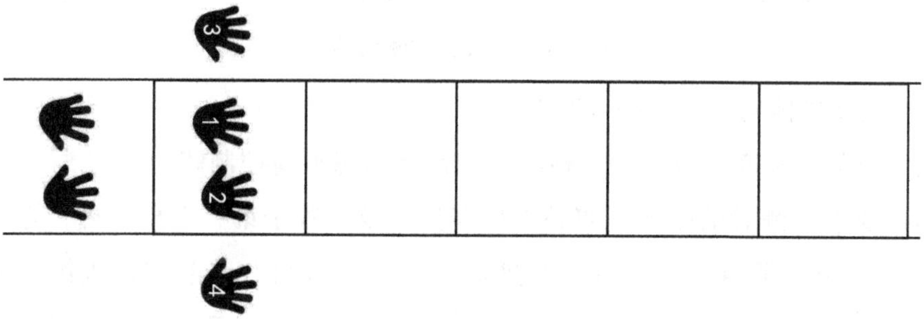

图7-58 上肢十字支撑

4. 上肢支撑前移（图7-59）

训练目的：提高上肢力量、核心稳定性及动态平衡控制能力。

动作要求：正对敏捷梯呈俯卧支撑姿势，双手支撑于第一个格子外，左手进入第一个格子，同时右脚蹬地向前一步，触地瞬间右手、左脚动作同上跟进，按图示顺序依次循环向前移动。

注意事项：按照规定要求上下肢协调配合完成练习，保持身体平直呈一条直线。练习过程中保持正常呼吸，不要憋气。

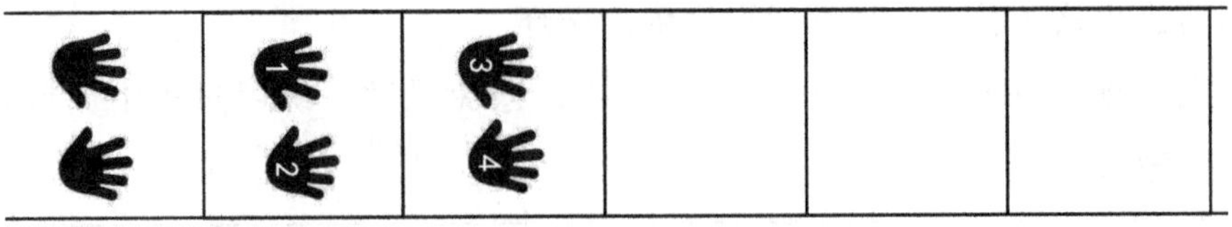

图7-59　上肢支撑前移

5. 上肢支撑侧向移动（图7-60）

训练目的：提高上肢力量、核心稳定性及动态平衡控制能力。

动作要求：侧对敏捷梯呈俯卧支撑姿势，双手置于第一个格子内，右手前移进入第二个格子内，同时右脚平移一步，触地的瞬间左手、左脚跟进，按图示顺序依次循环侧向移动。

注意事项：按照规定要求上下肢协调配合完成练习，保持身体平直呈一条直线。练习过程中保持正常呼吸，不要憋气。

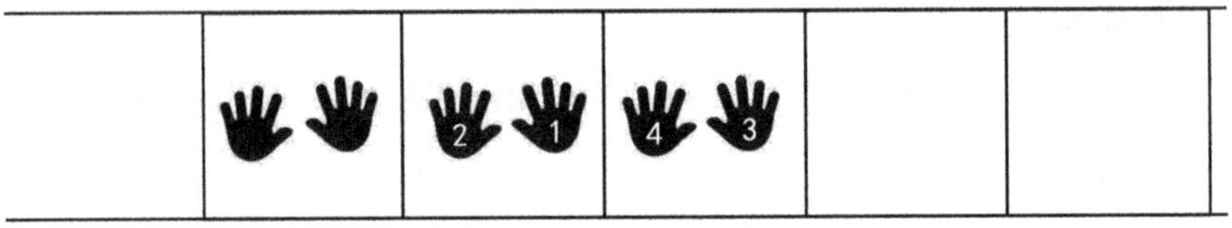

图7-60　上肢支撑侧向移动

6. 上肢支撑侧向交叉移动（图7-61）

训练目的：提高上肢力量、核心稳定性及动态平衡控制能力。

动作要求：侧对敏捷梯呈俯卧支撑姿势，双手置于第一个格子外，左手后交叉落入第一个格子内，同时右脚跟进前移，触地瞬间右手前移落入第一个格子内，左脚前移。左手前交叉进入第二个格子，手脚节奏一致，按图示顺序依次循环侧向移动。

注意事项：按照规定要求上下肢协调配合完成练习，保持身体平直呈一条直线。练习过程中保持正常呼吸，不要憋气。

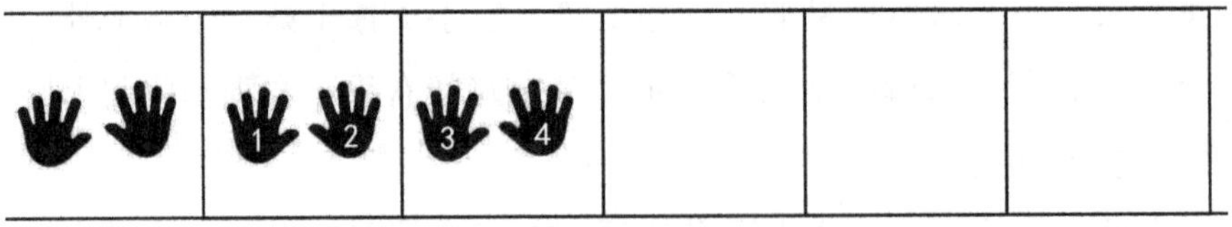

图7-61　上肢支撑侧向交叉移动

7. 宽距俯卧撑前移（图7-62）

训练目的：提高上肢力量、核心稳定性及动态平衡控制能力。

动作要求：正对敏捷梯呈俯卧支撑姿势，双手支撑在第一个格子的边框外，左、右手依次进入第一个格子，右手触地的瞬间，双手依次前移至第二个格子外侧，同时完成一次俯卧撑动作后恢复直臂支撑姿势，双脚配合前移，按图示顺序依次循环向前移动。

注意事项：按照规定要求上下肢协调配合完成练习，保持身体平直呈一条直线。练习过程中保持正常呼吸，不要憋气。

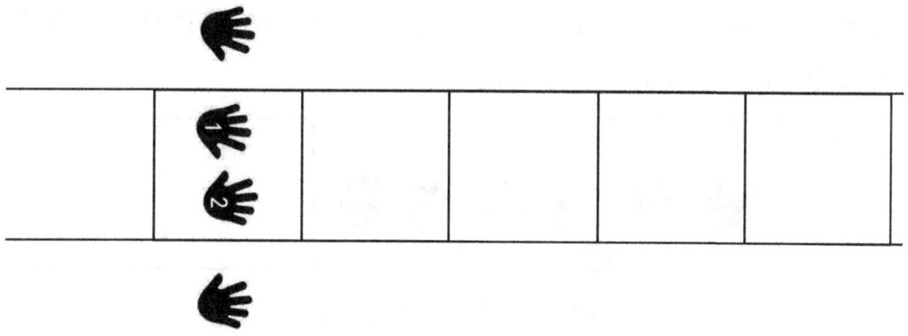

图7-62 宽距俯卧撑前移

8.窄距俯卧撑前移（图7-63）

训练目的：提高上肢力量、核心稳定性及动态平衡控制能力。

动作要求：正对敏捷梯呈俯卧支撑姿势，双手支撑在第一个格子的边框外，左、右手依次进入第一个格子，右手触地的瞬间完成一次俯卧撑动作后恢复直臂支撑姿势，双手依次前移至第二格子外侧，双脚配合前移，按图示顺序依次循环向前移动。

注意事项：按照规定要求上下肢协调配合完成练习，保持身体平直呈一条直线。练习过程中保持正常呼吸，不要憋气。

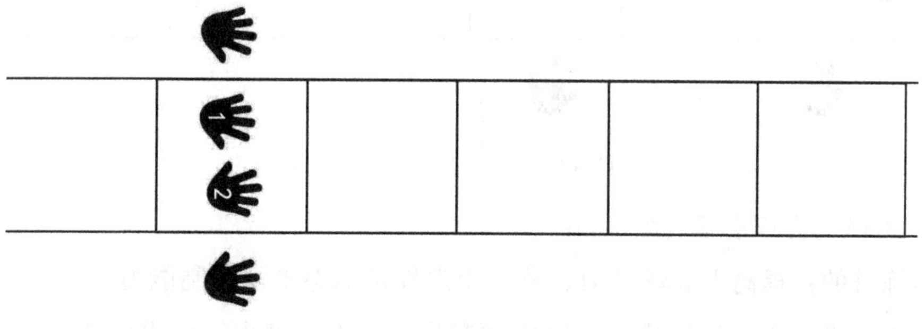

图7-63 窄距俯卧撑前移

9.俯卧撑侧向移动（图7-64）

训练目的：提高上肢力量，核心稳定性及动态平衡控制能力。

动作要求：侧对敏捷梯呈俯卧支撑姿势，双手支撑在第一个格子内，右手进入第二个格子，完成一次俯卧撑动作后恢复直臂支撑姿势。左手前移至第二个格子内，触地瞬间右手前移至第三个格子内，双脚配合前移，按图示顺序依次循环侧向移动。

注意事项：按照规定要求上下肢协调配合完成练习，保持身体平直呈一条直线。练习过程中保持正常呼吸，不要憋气。

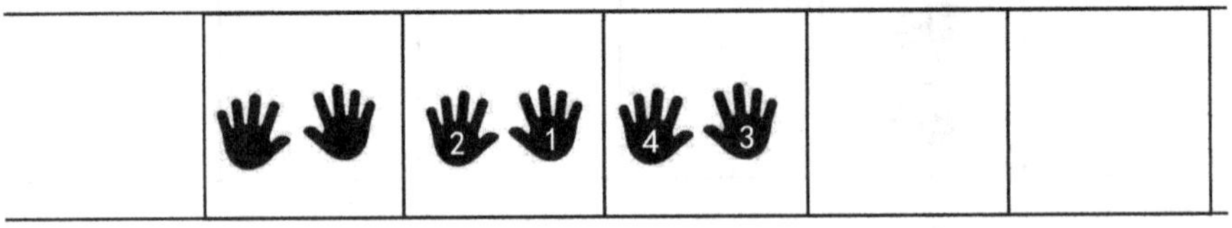

图7-64　俯卧撑侧向移动

10.内外俯卧撑侧向移动（图7-65）

训练目的：提高上肢力量、核心稳定性及动态平衡控制能力。

动作要求：侧对敏捷梯呈俯卧支撑姿势，双手支撑在第一个格子内，右手向前进入第二个格子，紧接着左手向下到第一个格子边框外，完成一次俯卧撑动作后恢复直臂支撑姿势，双脚配合前移，按图示顺序循环交替侧向移动。

注意事项：按照规定要求上下肢协调配合完成练习，保持身体平直呈一条直线。练习过程中保持正常呼吸，不要憋气。

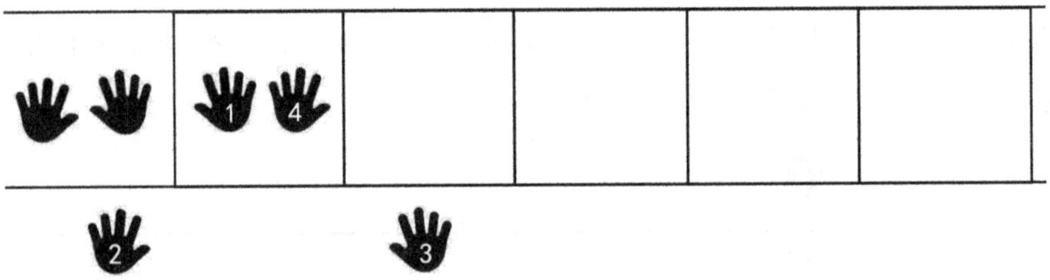

图7-66　内外俯卧撑侧向移动

11.跳跃俯卧撑前移（图7-66）

训练目的：提高上肢爆发力、核心稳定性及动态平衡控制能力。

动作要求：正对敏捷梯呈俯卧支撑姿势，双手双脚支撑在边框外，手臂上推同时脚蹬地用力将身体向前推起，腾空击掌后手脚前移一格，依次循环交替前移。

注意事项：按照规定要求上下肢协调配合完成练习，保持身体平直呈一条直线，落地支撑时注意缓冲。练习过程中保持正常呼吸，不要憋气。

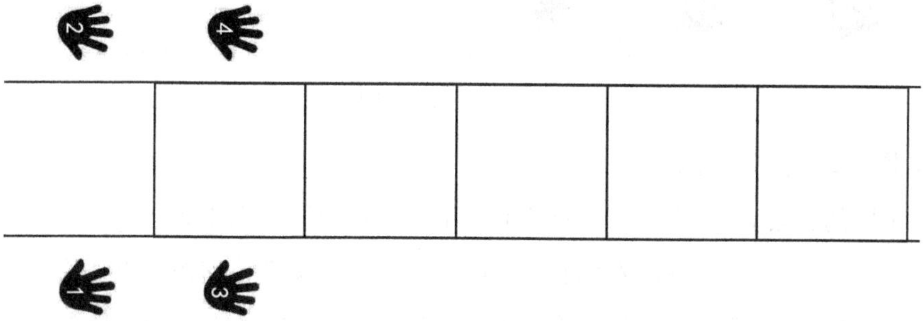

图7-66 跳跃俯卧撑前移

12.跳跃俯卧撑侧移（图7-67）

训练目的：提高上肢爆发力、核心稳定性及动态平衡控制能力。

动作要求：侧对敏捷梯呈俯卧支撑姿势，双手分别撑在两个格子里，手臂上推同时脚蹬地用力将身体向侧向推起，腾空击掌后侧向移动到前面两个格子里，依次循环侧向移动。

注意事项：按照规定要求上下肢协调配合完成练习，保持身体平直呈一条直线，落地支撑时注意缓冲。练习过程中保持正常呼吸，不要憋气。

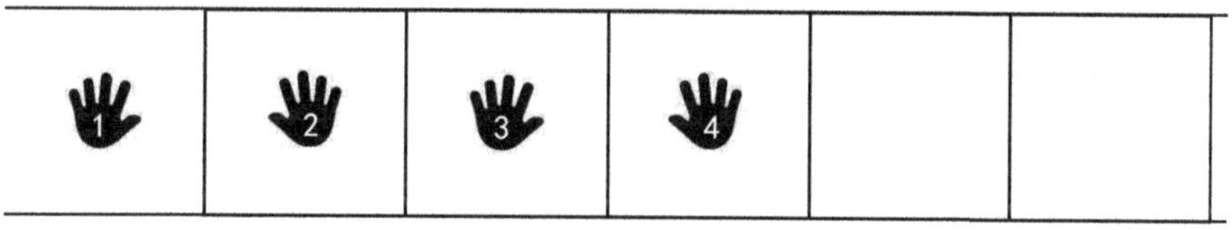

图7-67 跳跃俯卧撑侧移

13.推小车前移（图7-68）

训练目的：提高上肢力量、核心稳定性及动态平衡控制能力。

动作要求：两人一组前后站立，受训者以俯卧支撑姿势开始，同伴抓住受训者的脚踝并提起，模仿推车动作，受训者双手交替依次向前爬行。

注意事项：移动过程中控制速度，保持身体平直呈一条直线。练习过程中保持正常呼吸，不要憋气。

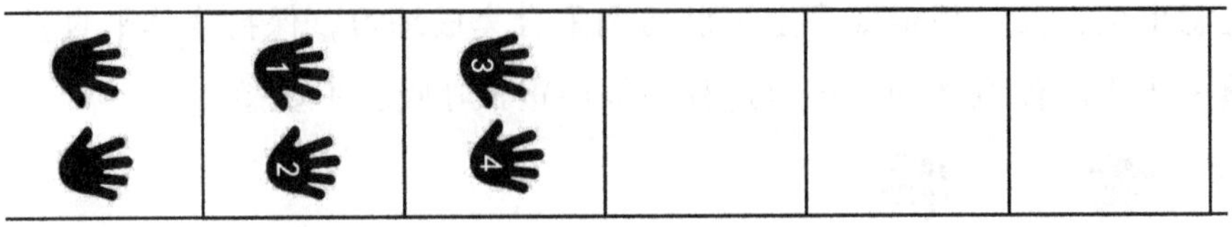

图7-68　推小车前移

14.推小车侧移（图7-69）

训练目的：提高上肢力量、核心稳定性及动态平衡控制能力。

动作要求：两人一组侧对敏捷梯站立，受训者以俯卧支撑姿势开始，同伴抓住受训者的脚踝并提起，模仿推车动作，受训者双手交替依次侧向爬行。

注意事项：移动过程中控制速度，保持身体平直呈一条直线。练习过程中保持正常呼吸，不要憋气。

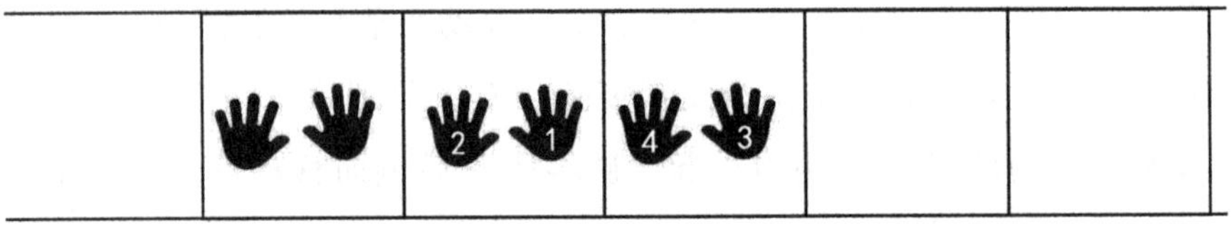

图7-69　推小车侧移

第八章　功能训练中的营养指导

一、身体形态的评估

（一）体重指数（BMI）测评

目前常用的体重指数（Body Mass Index）简称BMI，又译为体质指数。它是一种计算身高别体重（Weight For Height）的指数。体重指数计算公式为体重除以身高的平方，即BMI = 体重（kg）/身高（m）^{2}。

这一指标用于评估体重与身高是否匹配，是筛查超重和肥胖的常用工具。BMI与某些疾病的发病率紧密相关，中国成人BMI分类标准如表8-1所示。

表8-1　中国成人BMI标准

BMI结果	评价标准
≤18.4	体重过轻
18.5—23.9	正常
24—27.9	超重
≥28	肥胖

BMI作为一项常用指标也有其局限性，主要问题是BMI指标无法区分出肌肉与脂肪的比例。肌肉发达者可能被误判为超重，如运动员BMI超标但体脂率正常。事实上，BMI正常但腰围超标（中心性肥胖）的人群存在代谢疾病风险，因此通常需要结合腰围和体脂率进行综合判断。

（二）腰围结合BMI测评

腰围是评价机体是否肥胖的一项重要指标。腰围的测量方法是让受试者直立，两脚分开30—401 mm，用最小刻度为11 mm的软尺放在右侧腋中线胯骨上缘与第十二肋骨下缘连线的中点（通常是腰部的天然最窄部位），沿水平方向围绕腹部一周，紧贴而不压迫皮肤，在正常呼气末测量腰围的长度，读数准确至1 mm，见图8-1。

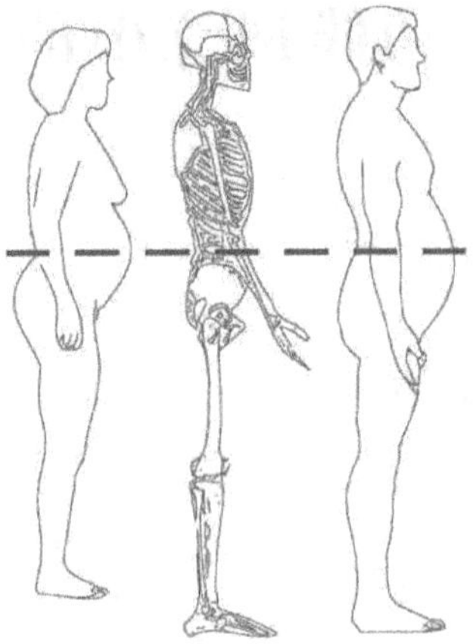

图8-1　腰围测试方法

腰围正常范围：男性腰围<85 cm，女性腰围<80 cm。如果将腰围和体重指数结合起来进行判断，结果更加真实可靠，评价标准可以参考表8-2。

表8-2　体重指数（BMI）结合腰围的评价标准

腰围 /cm	体重指数(BMI)			
	偏低	正常	超重	肥胖
男 >85	肥胖人群	肥胖人群	肥胖人群	肥胖人群
女 >80				
男 <85	需增肌人群	正常人群	正常超重人群	肥胖人群
女 <80				

腰臀比是指腰围和臀围的比值，用于评估脂肪分布特征，尤其是中心性肥胖（内脏脂肪堆积）的风险。公式为：腰臀比（WHR）= 腰围（cm）/臀围（cm）。

腰臀比超过正常范围，说明腹部肥胖风险高于普通人群，若男性WHR≥0.90或女性WHR≥0.85，提示内脏脂肪堆积，与代谢综合征、心血管疾病风险显著相关。相关研究表明，心血管病患者WHR每增加0.1，冠心病风险上升20%，腰臀比高的女性患2型糖尿病的风险是正常者的3倍。

（三）体成分测试

1.身体成分的组成

身体成分包括水、蛋白质、脂肪、无机物等。这些成分可以被分为脂肪和瘦体重。脂肪主要分布在皮下和内脏之间。脂肪对于维持正常的生理功能，是必不可少的。但是，过多的脂肪储备是一种疾病，并且可以引起其他疾病。非脂肪组织（瘦体重）主要由肌肉和矿物质组成。与脂肪组织不同，瘦体重主要消耗机体所产生的能量。

2. 体成分测试的意义

体成分测试结果作为健身锻炼人群的重要评估依据，其意义不仅在于提供基础数据，更在于通过科学分析指导运动策略、优化健康管理。体成分测试通过测量脂肪、肌肉、水分、无机盐等含量，区分隐性肥胖（体重正常但体脂率偏高）和肌肉型超重（BMI超标但肌肉量高）。

通过体成分测试，一是能够帮助用户准确评估体内脂肪含量和肥胖程度，其中通过脂肪含量和体脂百分比对肥胖进行判断，准确度更高。同时结合腰臀比数据，可以评估腹部肥胖的风险。体成分测试还可以验证减脂效果。通过测试体脂百分比和脂肪含量的前后变化，可以评估减去的体重是不是主要来自脂肪。二是体成分测试能提供瘦体重和肌肉重量的数据。对于增肌人群来说，测试体成分可以准确评估增肌效果：增加的体重如果直接来自瘦体重和肌肉重量，则说明增肌是有效的；如果增加的体重大部分来自脂肪，则需要对增肌人群采取控制措施，避免脂肪的过度增长。

3. 体成分测试对于健身锻炼人群的意义

（1）体型评估。

体脂百分比是指脂肪重量占身体总重量的百分比，男性正常范围为10%～20%，女性正常范围为20%～30%，直接反映个体脂肪的堆积程度。BMI数值只能反映身体的整体状态，但无法直观反映出肌肉和脂肪的含量。由于肌肉密度远高于脂肪，所以很多受训者肌肉发达、脂肪较低，虽然不需要减肥但体重指数呈现“超重”甚至“肥胖”的情况。体脂百分比可以准确反映人体脂肪堆积的程度。因此，在BMI基础上结合体脂百分比，能够更为准确地判断出人体正常体型。

（2）指导个性化运动方案设计。

对于表8-3中，不同的人群可以作出不同的评价和相应的健康指导。

①需增肌人群。体脂百分比偏低，体重指数偏低，需要增加肌肉。

②需增肌人群。体脂百分比正常，体重指数偏低，需要增加肌肉。

③需减肥人群。体脂百分比偏高，需注意控制；体重指数偏低，需要增加肌

肉。建议尽快减肥，结合减肥营养处方，加强运动锻炼，减去多余脂肪。

④低体脂人群。体脂百分比偏低，体重指数处于正常范围，属于低体脂人群，可以继续保持目前的状态。

⑤正常人群。体脂百分比正常，体重指数处于正常范围，应继续保持。

⑥需减肥人群。体脂百分比偏高，体重指数处于正常范围，说明身体脂肪多、瘦体重小。建议加强运动锻炼，增长肌肉，减去多余脂肪。

⑦肌肉超重人群。体脂百分比偏低，体重指数处于超重范围，属于肌肉超重人群，应继续保持。

⑧肌肉超重人群。体脂百分比正常，体重指数处于超重范围，属于肌肉超重人群，应继续保持。

⑨轻度肥胖人群。体脂百分比偏高，体重指数处于超重范围，属于轻度肥胖范围。建议尽快结合减肥营养处方，加强运动锻炼，减去多余脂肪。

⑩健美健身运动人群。体脂百分比偏低，拥有健美健身运动人群的身材。可以根据意愿选择，结合正常人营养处方，加强运动锻炼，继续保持目前的状态；或者结合增肌营养处方，加强运动锻炼，获得健美的体魄。

⑪健美健身运动人群。体脂百分比正常，拥有健美健身运动人群的身材。可以根据意愿选择，结合正常人营养处方，加强运动锻炼，继续保持目前的状态；或者结合增肌营养处方，加强运动锻炼，获得健美的体魄。

⑫肥胖人群。体脂百分比偏高，体重指数处于肥胖范围，属于肥胖状态。建议尽快结合减肥营养处方，加强运动锻炼，减去多余脂肪。

表8-3　体型分布

体脂百分比	体重指数(BMI)			
	偏低	正常	超重	肥胖
偏低	①需增肌人群	④低体脂人群	⑦肌肉超重人群	⑩健美健身运动人群
正常	②需增肌人群	⑤正常人群	⑧肌肉超重人群	⑪健美健身运动人群
偏高	③需减肥人群	⑥需减肥人群	⑨轻度肥胖人群	⑫肥胖人群

二、运动减脂人群的营养指导

（一）确定能量水平

能量是决定食物摄入量的首要因素。通常情况下，人们的进食量会根据食欲自动调节，当一个人的食欲得到满足时，对能量的需求也往往得以满足。然而，现代社会中膳食脂肪摄入的增加与日常身体活动的减少，导致许多人能量摄入超过实际所需，进而出现体重增加。对于一般成年人而言，体重是判断能量平衡状态的最佳指标。每个人应根据自身的体重状况和体重变化，适当调整食物摄入量，特别是调整含能量较高的食物摄入量。

根据2002年中国居民营养与健康状况调查报告并结合实际情况修正的数据，制定了中国成年人平均能量摄入水平（见表8-4）。在实际应用中，应结合个体的生理状态、生活方式、身体活动水平及体重情况灵活调整。

表8-4　中国成人平均能量摄入水平（修正值）（单位：kcal）

年龄组	城市		农村	
	男	女	男	女
18—59岁	2200	1800	2600	2200
60岁以上	2000	1600	2400	2000

（二）根据能量水平确定食物需求

《中国居民膳食指南（2022）》所建议的每日各类食物摄入量，适用于一般健康成人，并依据七个能量摄入水平给出了十类主要食物的建议摄入量（见表8-5）。在实际应用中，应根据个人能量需求进行选择与调整。所有建议摄入量均以可食部分的生重计算，且建议摄入量为平均值，日常饮食应尽量包含表中所列各类食物。但无需每日严格遵循每一类食物的具体克数，例如由于烹调便利性限制，鱼类可按每周摄入2—3次、每次150—200g的方式替代每日50—100 g的建议摄入量。关键在于保持食物种类与结构的整体平衡，在一段时间内（如一周）各类食物的平均摄入量应符合膳食指南的总体推荐。

表8-5　不同能量水平的食物建议摄入量　（单位：g）

食物名称	能量水平						
	6700 kJ 1600 kcal	7550 kJ 1800 kcal	8350 kJ 2000 kcal	9200 kJ 2200 kcal	10500 kJ 2400 kcal	10900 kJ 2600 kcal	11700 kJ 2800 kcal
谷类	225	250	300	300	350	400	450
大豆类	30	30	40	40	40	50	50
蔬菜	300	300	350	400	450	500	500
水果	200	200	300	300	400	400	500
肉类	50	50	50	75	75	75	75
乳类	300	300	300	300	300	300	300
蛋类	25	25	25	50	50	50	50
水产品	50	50	75	75	75	100	100
烹调油	20	25	25	25	30	30	30
食盐	6	6	6	6	6	6	6

（三）食物的辨别和选择

1.选择能量密度低的食物

不同食物所含能量可通过能量密度（Energy Density，简称ED）进行评估，其计算公式为：能量密度 = 食物单位质量所含能量 / 推荐摄入总能量。

食物中三大供能营养素的比例及水分含量决定其ED大小，其中脂肪含量对ED的影响最大。一般而言，脂肪含量越高，食物的能量密度越大；水分含量高则能稀释能量密度。大量研究表明，摄入能量密度低的食物不仅能增强饱腹感，还可有效减少总能量摄入。此外，研究显示，相较于控制食物份量，降低食物能量密度对于减肥更具成效。这是因为能量密度较低的食物可减缓胃排空速率，从而延长饱腹时间。

需要注意的是，虽然某些液体类低ED食物（如苏打水）对口渴有一定缓解，但因其营养结构单一，对饱腹感影响较小；而牛奶、汤等成分较复杂的液体食物则能更好地提供饱腹感。降低能量密度的建议措施有：（1）增加蔬菜、水果和全谷物类粗粮的摄入；（2）餐前饮用汤，或将主食制成较为黏稠的食物形态；（3）减少焙烤甜点、精制谷物、煎炸食品及高脂肪食物的摄入。

2.选择小份量的食物

食物的份量对能量摄入有直接影响。在食欲相同的前提下，提供更大份量的食物会促使个体摄入更多热量，而这种增加的摄入并不会显著提升饱腹感。

一项由美国癌症协会开展的调查显示，超过25%的受访者认为“食物份量大小”是决定进食量的重要因素，67%的受访者表示会倾向于吃完所提供的全部食物。相比提供固定食物量的方式，自由选择食物数量更有助于控制总体摄入。

肥胖或超重人群更易受份量影响，可能与其感知份量的能力较弱或有“清空盘子”的心理有关。因此，建议通过膳食教育引导减重人群控制食物分量，如在餐厅尽量选择小份量餐品，在家中可自行掌控食物分量，以避免“过量”摄入。

3. 选择低血糖指数的食物

低血糖指数（Glycemic Index，简称GI）食物的碳水化合物消化吸收速度较慢，可有效平稳餐后血糖与胰岛素水平，同时促进胆囊收缩素的分泌，从而显著增强饱腹感。有研究表明，血糖指数每升高50%，饱腹感可降低50%。从能量代谢角度看，摄入高GI食物后，血糖和胰岛素快速升高，激活葡萄糖代谢相关酶类，抑制脂肪酸进入线粒体氧化，从而降低脂肪氧化能力，长此以往易导致脂肪积聚与体重增加。多项前瞻性研究已证实，此机制与肥胖发生密切相关。研究还显示，超重男性连续5周摄入低GI食物后，体脂下降约500 g；与等热量、等营养的高GI食物相比，低GI食物在降低体重与BMI方面效果更佳，且其在实际操作中更易坚持，能有效避免“能量补偿”现象。降低膳食GI的实用方法：（1）增加全谷物类粗粮、豆类、蔬菜和水果的摄入；（2）减少过度加工、精制食物的摄入；（3）选择低GI主食，如燕麦、红薯、全麦面包等；（4）注意烹调方式，减少高温长时间加热以降低GI。

（四）结合运动的营养补充策略

1. 确定每日热量需求

在为减脂人群制定饮食方案时，应综合考虑其体重状况与运动强度，科学确定每日所需能量。首先可参照能量系数表（见表8-6），根据个体的BMI分级和运动强度，选择相应的供能系数。然后使用如下公式估算每日热量需求：

每日热量需求（kcal）= 能量系数 × 目标体重（kg）

表 8-6　不同BMI与运动强度对应的能量系数（单位：kcal/kg）

体重指数(BMI)	极低强度	低强度	中等强度	高强度
偏低	35	40	45	45~55
正常	25~30	35	40	45
超重	20~25	30	35	40
肥胖	15~20	20~25	30	35

在实际应用中，应根据个体身体状况和运动计划灵活调整能量系数。例如，仅进行轻量步行的肥胖者，其推荐热量需求应按“肥胖 + 低强度”标准计算，而从事高强度受训者则应相应上调能量系数。

对于以运动减脂为目标的人群而言，除了日常基础饮食，运动过程中的营养补给同样重要。通常减脂者以中等强度有氧运动为主，应合理安排前、中、后期的营养摄入，以支持脂肪代谢、维持运动表现并促进恢复，具体建议如下：

运动前：适量摄入左旋肉碱，可促进脂肪运转与氧化，提高脂肪代谢效率；

运动中：如进行高强度间歇训练，建议适当补充水分和电解质，并关注血糖维持；

运动后：补充一定量的碳水化合物与蛋白质，以帮助肌肉恢复和补充肝糖原。

2. 运动减脂人群的一日餐单（图 8-2）

以女性，35 岁，身高 1.65 m，体重 70 kg 为例：BMI = 25.7，判定为轻度肥胖；目标体重为 60 kg；运动安排为每天进行 1 小时中等强度的有氧运动；减脂饮食热量目标为 1800 kcal / d。

早餐　馒头 100 g，牛奶 300 g，鸡蛋 50 g，苹果 100 g，乳清蛋白 15 g（蛋白质代餐）

中餐　米饭 100 g，清蒸鱼 200 g，酸奶 200 g，香蕉 200 g，白菜 150 g，食用油 4 g

晚餐　燕麦片 50 g，金银卷 50 g，豆腐干 50 g，芹菜 100 g，猕猴桃 80 g，酱牛肉 50 g（晚餐主食也可替换成膳食纤维代餐粉）

图 8-2　运动减脂人群的一日餐单

三、运动增肌人群的营养指导

（一）确定能量水平

在运动增肌阶段，教练应与运动营养师协同制定科学、可执行的短期与长期体重增长目标，以确保这些目标能够在预定时间内达成。通常建议按每周0.25～1.5 kg的速度进行体重增长，具体数值可依据个体的遗传特征、训练年限以及当前体成分状况灵活设定。

已有研究表明，每增加1 kg肌肉组织，通常需要额外摄入一定能量。尽管个体间存在较大差异，保守估算为每日额外摄入360～480 kcal。该计划执行约2周后应进行体成分评估，评估指标包括体重变化、瘦体重（肌肉）增长、体脂百分比、目标肌群的围度等。若评估结果显示体重增幅未达到设定标准（例如每周增加不足0.5 kg，则建议在现有基础上继续增加每日360～480 kcal的摄入，然后进入下一个营养周期。

另一种常见的能量计算方式是按体重每千克所需热量来估算总能量摄入需求。根据中国营养学会推荐（见表8–7），中国成人轻体力活动者的日推荐能量为男性2400 kcal，女性2100 kcal，分别按男性体重75 kg、女性65 kg计算，得出维持体重的标准约为每千克体重32千卡。结合个体差异，维持体重所需能量推荐范围为30～35 kcal /（$kg \cdot d^{-1}$）。

表8–7　中国18—50岁成人膳食能量推荐摄入量（RNI）

体力活动水平	男性RNI /（$kcal \cdot d^{-1}$）	女性RNI(kcal/天）
轻体力活动	2400	2100
中体力活动	2700	2300
重体力活动	3200	2700

需要注意的是，规律健身人群的瘦体重比例普遍高于一般人群，因此不能简单将“重体力活动者”的能量推荐标准直接套用于健身者。更为合理的增肌期能量建议为：每日40～50 kcal / kg体重或更高，即较“轻体力活动”阶段提高30%～40%。该方法简洁易用，适合大规模实际操作。

（二）食物的选择技巧

在运动增肌阶段，食量的增加往往给许多人带来适应挑战。骤增30%～40%的食物摄入量对胃肠接受度和饮食习惯都是一种考验。除后文将提到的增加餐次策略外，科学的食物选择技巧也至关重要。通过合理搭配食物种类与烹饪方式，在不显著增加食物体积的前提下提高能量密度，可让受训者更容易接受。

在制订饮食计划前，建议先了解受训者的基本饮食习惯，包括常吃的食物种类、口味偏好及食物禁忌。配餐时，应优先在其熟悉的食物范围内进行选择，确保接受度。同时，合理规划烹饪方式与食材搭配，并在每餐中预留一部分可用于加餐的小体积高能量食物，如牛奶、水果、鸡蛋、生食蔬菜等。这些食物便于携带、易于储存，适合在主餐之外作为补充。

每日食谱的原则如下：

（1）碳水化合物类。建议粗细搭配，其中精白米面等细粮占比约2/3，全谷类、薯类等粗粮占比约1/3。

（2）蛋白质类。建议多样化搭配，包含动物性优质蛋白与植物蛋白，如牛肉+豆腐、鱼肉+豆浆。为保障钙与铁的摄入，奶类、豆制品及瘦肉类均不可或缺。

（3）蔬菜类。品种应尽量丰富，鼓励采用生食、蒸煮、清炒等方式，每日摄入总量建议不低于500 g。例如酸奶拌蔬菜拼盘、坚果蔬菜组合，少用高脂肪沙拉酱。建议每日菜肴中包含至少一种菌藻类蔬菜，如木耳炒蛋、凉拌海带丝、香菇炒肉等。

（4）营养素搭配。因多数食物含有多种营养素，配平某一营养素时应保留部分弹性。例如豆腐既含蛋白质也含碳水，米粉含碳水同时也提供蛋白质，因此初步配餐时不必精确配平，后续可通过其他食物自然填补差值。

（5）优先选择高营养密度的食物。例如在配平碳水化合物时，优先选择米面类，其次为薯类，最后是水果与乳制品。这样能减少总食物重量，提高可接受性。

（6）热量分配比例。三餐建议按“早餐∶午餐∶晚餐＝3∶4∶3”的比例分配总热量与营养素。

（7）配餐误差容忍度。每餐的宏量营养素（蛋白质、脂类、碳水化合物）摄入值允许在目标值±10%的范围内波动。所有食物质量均以可食部分质量计，即已去除果皮、骨骼、种子等不可食部分。

（三）结合运动的营养补充策略

对于运动增肌人群而言，训练日的饮食应根据训练课程的时间安排进行精细化设计，特别是课前加餐、训练中加餐以及课后加餐的时机与内容需要格外重视。肌肉在运动后24小时内的代谢过程一般划分为三个阶段，即能量期、合成期和生长期。在不同阶段提供适宜的营养补充，有助于最大化肌肉生长、提升力量水平和改善运动表现。

1.能量期（运动期间）

能量期是指运动过程，此阶段的核心目标是为肌肉收缩提供充足能量，维持运动强度与延缓疲劳的发生。此时碳水化合物是关键营养素，它可防止肌糖原耗竭、稳定血糖水平并提高耐力。同时，若在碳水化合物基础上加入适量蛋白质、特定氨基酸和维生素，则可进一步减少肌糖原的消耗，减轻肌肉损伤，以促进相关酶系统的恢复，为下一次训练做好准备。

能量期的推荐补充策略：

（1）碳水化合物：除正常主食外，运动前、中、后应配合补充运动饮料或等效的低GI碳水化合物，建议按0.6 g/kg体重计算。

（2）肌酸：有助于快速补充三磷酸腺苷（ATP），并促进肌肉蛋白合成，建议摄入量为0.1 g/kg体重。

（3）二磷酸果糖（FDP）：作为细胞内优质能量物质，1 mol FDP通过糖酵解可产生4 mol ATP（而葡萄糖仅为2 mol），同时可增强无氧代谢能力，提升糖酵解速率。

2.合成期（运动后0—45分钟）

合成期是指运动结束后约45分钟内，这是肌肉组织开始修复、蛋白质合成活跃、肌糖原重新填充的关键窗口期。此时，机体对营养素的吸收能力显著增强，尤其是胰岛素敏感性达到峰值。胰岛素在此阶段起着“代谢开关”的作用——既能关闭分解代谢，也能启动合成代谢。然而，若此阶段营养补充不足，数小时后细胞胰岛素敏感性将显著下降，甚至可能出现胰岛素抵抗，导致肌糖原合成和肌肉修复效率下降。因此，合成期的营养补给不可忽视，合成期的理想营养补充见表8–8。

表8-8 合成期的理想营养补充

合成期营养目标	营养补剂名称	营养补剂量
分解代谢转为合成代谢	乳清蛋白	13—15 g
增加肌肉血流量,加快代谢废物的排出	高GI碳水化合物	40—50 g
补充肌糖原储备	亮氨酸	1—2 g
启动肌肉修复,增强免疫功能	谷氨酰胺 维生素C 维生素E	1—2 g 60—120 mg 80—400 IU

3. 生长期

生长期是指合成期结束到下次运动开始的这一段时间。此时涉及肌肉酶、收缩蛋白数量、肌纤维体积的增加以及能量期所消耗的肌糖原的完全填充。蛋白质和碳水化合物是保持最佳肌肉生长的基本因素。如果在营养素的补充上遵循这一规律，就可以保持高水平的合成状态，完成肌糖原储备、修复肌肉组织损伤和合成新的肌肉。生长期阶段的核心任务是肌肉酶活性提升、收缩蛋白的合成、肌纤维体积增长、肌糖原的完全补充。保持高质量的蛋白质和碳水化合物摄入是支持肌肉持续生长的基础，尤其是肌糖原的恢复，不仅影响肌肉修复效率，也是下一次训练能否高质量完成的关键。肌糖原补充的时效性十分关键，研究表明，若运动结束即刻补充碳水，肌糖原再合成速率可达7—8 μmol/g湿肌/小时，该速度可维持约2小时，之后将降低约50%，至6小时后仅为1—2 μmol/g湿肌/小时。

不仅补糖时机重要，碳水+蛋白质的组合也优于单纯补糖。有研究证实，若在运动后即刻补充碳水 + 蛋白质组合，肌糖原储备的恢复速度和效率明显优于单一碳水补充。生长期的理想营养补充见表8-9。

表8-9 生长期的理想营养补充

生长期营养目标		营养补剂名称	营养补剂量
快速阶段(前4小时)	维持、增加胰岛素的敏感性	乳清蛋白	14 g
	维持合成状态	酪蛋白	2 g
稳定阶段(随后的16—18小时)	维持正氮平衡和参加蛋白合成	亮氨酸	3 g
	促进蛋白更新和肌肉生长	谷氨酰胺 高GI碳水化合物	1 g 2—4 g

4.运动增肌人群的一日餐单（示例）

会员餐单

姓名 Mr Liang 运动目的 增肌 日期 2014 年 3 月 1 日

年龄 26 岁 目前体重 80 kg 本阶段目标体重 85 kg

日能量摄入 4000 kCal

三大产能营养素供能比例 CHO：PRO：FAT= 60% ： 15% ： 25%

三大产能营养素质量 CHO 600 g PRO 150 g FAT 110 g

早餐

CHO 180 g PRO 45 g FAT 33 g

食物名称	质量 / g	能量 / kcal	CHO / g	PRO / g	FAT / g
面包	240	748.8	140.6	19.9	12.2
奶酪	20	65.6	0.8	5.2	4.8
鸡蛋	50	73.5	0.7	6.4	5
油	5	45	0	0	5
番茄	150	28.5	6	1.4	0.3
香蕉	150	136.5	33	2.1	0.3
乳清蛋白粉	10	40	1	6	3
合计	625	1137.9	182.1	41	30.6

注：面包、奶酪、鸡蛋、番茄、油可以做成三明治。香蕉和乳清蛋白粉可作为早加餐在10:00—11:00食用。

午餐

CHO 240 g PRO 60 g FAT 44 g

食物名称	质量 / g	能量 / kcal	CHO / g	PRO / g	FAT / g
馒头	300	663	141	21	3.3
大米粥	200	92	19.8	2.2	0.6
猕猴桃	200	112	29	1.6	1.2
酸奶	200	144	18.6	5	5.7
牛肉（瘦）	50	53	0.6	10.1	1.2
土豆	150	114	25.8	3	0.3

续 表

食物名称	质量 / g	能量 / kcal	CHO / g	PRO / g	FAT / g
烹调油	15	135	0	0	15
甜椒	50	8	1.9	0.5	0.1
生菜	50	5	1	0.8	0.2
海带	30	20.5	15.3	4.2	2.3
鸡肉丝	70	82.6	0.4	14.1	1.3
核桃	20	123.6	4.3	1.7	12.9
合计	1265	1552.7	242	50.1	42.8

注：牛肉与土豆、10 g烹调油可以做成土豆烧牛肉；甜椒、生菜、海带、鸡肉丝、5 g烹调油（橄榄油）与核桃可以做成凉拌菜；酸奶与猕猴桃可以作为午加餐在下午3:30—4:30食用，这是训练前餐的一部分。

晚餐

CHO 180 g　PRO 45 g　FAT 33 g

食物名称	质量 / g	能量 / kcal	CHO / g	PRO / g	FAT / g
固体运动饮料	60	240	60	0	0
分离乳清蛋白粉	20	80	0	20	0
面包	200	723.2	104	15.6	27.2
草莓果酱	10	28.4	6.9	0	0.1
鱼肉（清蒸）	50	56.5	0	8.3	2.6
烹调油	5	45	0	0	5
番茄	100	19	4	0.9	0.2
葡萄干	20	68.2	16.4	0.5	0.1
米饭	150	174	38.9	3.9	0.5
合计	555	1194.3	170.2	49.2	35.7

注：固体运动饮料、分离乳清蛋白粉与800 mL矿泉水混合后可以制成运动餐，在训练课期间食用；面包与果酱、葡萄干可以做成三明治，在训练课结束后30分钟内食用；鱼肉与烹调油可以制成清蒸鱼；番茄可以作为睡前加餐。

参考文献

[1]邦帕，布齐凯利．周期训练理论与方法[M]．曹晓东，黎涌明，杨东汉，等译.6版．北京：人民邮电出版社，2019.

[2]鲍伊尔．体育运动中的功能性训练[M]．张丹玥，王雄，译.2版．北京：人民邮电出版社，2017.

[3]布兰登．运动损伤解剖学：康复训练[M]．王震宇，司佳卉，译．北京：人民邮电出版社，2017.

[4]布鲁米特．核心评估与训练：核心能力的精准测试与针对性发展[M]．王轩，译．北京：人民邮电出版社，2023.

[5]布里滕纳姆，泰勒．核心体能训练：释放核心潜能的动作练习和方案设计[M]．王轩，译．北京：人民邮电出版社，2019.

[6]陈杰，陈月亮．功能性训练研究进展述略[J]．湖北理工学院学报(人文社会科学版)，2014(03)：67-72.

[7]邓运龙，张海忠．论现代体能训练新理念新方法[J]．军事体育进修学院学报，2009(04)：73-75.

[8]国家体育总局训练局国家队体能训练中心．身体功能训练动作手册[M]．北京：人民体育出版社，2018.

[9]黄志基．现代体能训练：弹力带全方位力量训练方法[M]．北京：北京体育大学出版社，2010.

[10]姜宏斌．功能性训练概念辨析与理论架构的研究述评[J]．体育学刊，2015(04)：125-131.

[11]姜宏斌．人体运动核心区域稳定性与核心力量训练的本质及理论探讨[J]．首都体育学院学报，2015(03)：257-263.

[12]李丹阳，胡法信，胡鑫．功能性训练：释义与应用[J]．山东体育学院学报，2011(10)：71-76.

[13]李赞，赵慧敏，常宇伟．功能性体能训练的内涵旨向、结构功能及本质属性

厘清[J].天津体育学院学报,2019(03):227-231.

[14]廖婷,李丹阳,闫琪.青少年身体功能整体性发展与功能性力量训练[J].首都体育学院学报,2015(02):146-150.

[15]刘爱杰,李少丹.我国运动训练方法创新的思考[J].中国体育教练员,2007(03):4-7.

[16]龙斌,李丹阳.功能性训练的科学内涵[J].武汉体育学院学报,2013(02):72-76.

[17]美国国家体能协会.体能测试与评估指南[M].高炳宏,杨涛,译.北京:人民邮电出版社,2019.

[18]史衍,于振峰.身体功能训练概念辨析:体能训练理念的回归与突破[J].中国学校体育(高等教育),2016(05):59-63.

[19]孙文新.现代体能训练:弹力带训练方法[M].北京:北京体育大学出版社,2011.

[20]王安利.运动损伤预防的功能训练[M].北京:北京体育大学出版社,2013.

[21]王雄,刘爱杰.身体功能训练团队的实践探索及发展反思[J].体育科学,2014(02):79-86.

[22]威拉德逊.美国国家体能协会核心训练指南[M]王轩,译.北京:人民邮电出版社,2019.

[23]闫琪.功能性体能训练在我国的发展[J].中国体育教练员,2011(04):34-36.

[24]杨则宜.生命在于运动和营养[M].北京:北京体育大学出版社,2006.

[25]尹军,袁守龙.身体运动功能训练[M].2版.北京:高等教育出版社,2022.

[26]袁守龙.北京奥运会周期训练理论与实践创新趋势[J].体育科研,2011(04):5-11.

[27]张春合,蔡端伟.功能性力量训练的理性思考:基于专项竞技能力形成的视角[J].体育学刊,2013(01):98-103.